보고풀

일러두기

1. 이 책에서 소개하는 생성형 AI 중 챗GPT는 유료(GPT-4o), 나머지는 모두 무료 버전을 사용했습니다.
2. 본문의 생성형 AI 답변은 필요한 부분만 다루고 나머지는 생략(～～)했습니다.
   또한 본문에서 언급한 내용을 강조하기 위해 체크 표시(✓), 화살표(→)를 사용했습니다.

보고서 기획서 고민 없이 시작해서 30분 만에 끝내주는 프롬프트 책

초판 1쇄 발행 2025년 8월 2일

지은이 박경수

펴낸이 조기흠

총괄 이수동 / **책임편집** 박의성 / **기획편집** 최진, 유지윤, 이지은
마케팅 박태규, 임은희, 김예인, 김선영 / **제작** 박성우, 김정우
디자인 필요한 디자인 / **교정교열** 조민영

펴낸곳 한빛비즈(주) / **주소** 서울시 서대문구 연희로2길 62 4층
전화 02-325-5506 / **팩스** 02-326-1566
등록 2008년 1월 14일 제25100-2017-000062호

ISBN 979-11-5784-822-5 13320

이 책에 대한 의견이나 오탈자 및 잘못된 내용은 출판사 홈페이지나 아래 이메일로 알려주십시오.
파본은 구매처에서 교환하실 수 있습니다.
책값은 뒤표지에 표시되어 있습니다.

🏠 hanbitbiz.com ✉ hanbitbiz@hanbit.co.kr 📘 facebook.com/hanbitbiz
Ⓝ blog.naver.com/hanbit_biz ▶ youtube.com/한빛비즈 📷 instagram.com/hanbitbiz

---

Published by Hanbit Biz, Inc. Printed in Korea
Copyright ⓒ 2025 박경수 & Hanbit Biz, Inc.
이 책의 저작권은 박경수와 한빛비즈(주)에 있습니다.
저작권법에 의해 보호를 받는 저작물이므로 무단 복제 및 무단 전재를 금합니다.

지금 하지 않으면 할 수 없는 일이 있습니다.
책으로 펴내고 싶은 아이디어나 원고를 메일(hanbitbiz@hanbit.co.kr)로 보내주세요.
한빛비즈는 여러분의 소중한 경험과 지식을 기다리고 있습니다.

보고서 기획서 고민 없이 시작해서 30분 만에 끝내주는 프롬프트 책

박경수 지음

한빛비즈

프롤로그
일머리가 끝내주는 사람은 생성형 AI와 프롬프트도 전략적입니다

챗GPT가 일상화되면서, 이제는 주변에서 챗GPT를 사용하지 않는 사람을 찾기가 더 어려워졌습니다. 아이디어 도출부터 보고서, 기획서 작성까지, 회사의 거의 모든 업무에 챗GPT를 활용하는 사람들이 늘어나고 있죠. 답답함이 느껴졌던 과거와 달리, 챗GPT는 이제 놀라울 정도로 자연스럽고 강력한 성능을 자랑하며 우리의 일상에 깊이 들어왔습니다. 최근에는 AI 에이전트까지 등장하며, 이제 하나의 질문만으로 기획부터 작성까지 알아서 처리해주는 시대가 열리고 있습니다.

챗GPT만의 이야기도 아닙니다. 제미나이, 퍼플렉시티, 젠스파크, 클로드, 코파일럿, 펠로, 그록, 마누스 등 수많은 생성형 AI들이 저마다의 강점을 내세우며 우리의 업무 방식과 일상을 빠르게 바꾸고 있습니다. 이제는 중요한 보고서 하나를 작성할 때도, 단순히 AI를 쓸지 말지를 고민하는 것이 아니라 "어떤 생성형 AI를" "어떤 목적에" "어떤 방식으로" 활용할 것인지를 고민해야 하는 상황이 된 것입니다. 예를 들어 검색에는 퍼플렉시티나 젠스파크, 슬라이드 제작에는 젠스파크의 AI 슬라이드 기능, 논리적인 정리에는 클로드나 제미나이를 활용하는 식이죠.

팔방미인인 챗GPT는 기본입니다. 글쓰기, 생산성, 분석 등 다양한 영역에서 생성형 AI의 효용성을 확인하고 싶다면 생성형 AI

별 사이트에 일일이 가입하는 것보다 챗GPT 유료 플랜에서 제공하는 생태계를 이용하는 것이 효율적입니다. 반면, AI를 아직 완전히 신뢰하지는 않지만 '무료'로 '다양하게' 써보고 싶다면 챗GPT 외에 제미나이도 좋은 선택이 될 수 있습니다.

생성형 AI를 많이 알고 있는 것도 중요합니다. 하지만 핵심은
● **어떤 업무에 어떤 생성형 AI를 활용하면 되는지 아는 것**입니다.

이 책은 보고서, 기획서 작성 A부터 Z까지의 과정에서 20개의 생성형 AI를 어떻게 전략적으로 활용해야 하는지를 다룹니다. 세부적으로 보면, 자료 수집, 기획과 구성, 분석과 시각화, 스토리 및 보고서 작성까지를 다루고 있어 이 책에 제시된 다양한 생성형 AI 활용 방법을 따라 해본다면 보고서 기획서 스트레스에서 해방될 수 있습니다. 이를 위해 보고서, 기획서 작성 시 활용 가능한 생성형 AI뿐만 아니라 구체적인 프롬프트 작성 방법까지 제시했습니다. 예를 들어 조직문화와 관련된 사례나 벤치마킹에 대해서는 단계별로 다음과 같은 프롬프트를 제안합니다.

[1단계] 정말 아무것도 모르는 초급 프롬프트

IT 회사의 조직문화 혁신 혹은 우수 사례를 알려줘.

[2단계] 깊이 있는 사례 분석을 위한 중급 프롬프트

> 국내외 조직문화 혁신 혹은 우수 사례에 대해 다음과 같이 정리해줘.
> — 조직문화 혁신 배경, 주요 혁신 활동, 주요 성과

[3단계] 보고서에 바로 적용할 수 있는 핵심 메시지 도출 고급 프롬프트

> 국내외 조직문화 혁신 혹은 우수 사례를 바탕으로 조직문화 혁신의 핵심 성공요인을 3가지로 정리해줘.

생성형 AI는 결국 사용자가 얼마나 똑똑하게 명령하는지에 따라 활용성이 극대화됩니다. 실제로 심층연구 기능만 잘 활용하면 20페이지짜리 보고서를 30분도 채 안 되는 시간에 완성할 수 있답니다. 이 책에서 제시하는 다양한 생성형 AI와 끝내주는 프롬프트를 통해 정말 30분 만에 보고를 끝내보세요. 생성형 AI가 돌려준 시간은 우리를 더 중요한 것에 집중하게 만들어줄 것입니다.

덧붙이며

* 이 책의 생성형 AI 답변은 챗GPT의 경우 최신 유료 버전, 다른 생성형 AI는 무료 버전을 사용한 결과입니다. 가능한 한 무료 버전을 사용해 어떻게 기획서와 보고서가 작성될 수 있는지를 보여주고자 했습니다.
** 이 책을 쓸 때 함께한 생성형 AI는 다음과 같습니다: #챗GPT #퍼플렉시티 #젠스파크 #클로드 #제미나이 #코파일럿 #그록 #마누스 #딥시크 #펠로 #뤼튼 #클로바X #샬리 #릴스AI #윔지컬 #냅킨AI #마이크로소프트 디자이너 #이미지 크리에이터 #슬라이드고 #캔바 #감마

목차

프롤로그_일머리가 끝내주는 사람은 생성형 AI와 프롬프트도 전략적입니다 ● 4

1장 생성형 AI로 지금 당장 시작하는
보고서 기획서 자료 수집 5단계
#챗GPT #젠스파크 #제미나이 #퍼플렉시티 #클로드

STEP0 보고서의 "목적"을 생성형 AI와 함께 학습하라 ● 14
  ☀ 달인의 킥_마인드맵까지 척척 "젠스파크"로 아이디어 구체화하기 ● 21
STEP1 어떤 "자료"가 필요한지 정리해줘 ● 34
STEP2 "최신 정보"를 대신 검색해줘 ● 39
STEP3 "사례"를 분석해서 정리해줘 ● 47
STEP4 정보를 "교차 검증"해줘 ● 63
STEP5 자료를 "구조화"해서 요약해줘 ● 74
  ☀ 달인의 킥_요약 전문 AI "릴스AI"로 요약하기 ● 79
  👣 한 걸음 더_나만의 AI 챗봇 비서 만드는 법 ● 85

2장 생성형 AI로 1분 만에 끝내는 보고서 기획서 기획과 구성 7단계

#챗GPT #퍼플렉시티 #딥시크 #코파일럿 #클로바X #클로드 #제미나이 #뤼튼

STEP1 "아이디어"를 알려줘 ● 98
STEP2 "최신 트렌드"와 "사례"를 제시해줘 ● 107
STEP3 아이디어를 "구조화"해줘 ● 120
STEP4 "MECE"하게 분류해줘 ● 127
STEP5 "로직트리"를 만들어줘 ● 131
  ✸ 달인의 킥_범용 AI 에이전트 "마누스"로 로직트리 만들기 ● 140
STEP6 하나의 "트리 구조"를 만들어줘 ● 146
STEP7 목차를 ○○순서로 "구성"해줘 ● 154
  ✸ 달인의 킥_마인드맵 AI "윔지컬"로 보고서 뼈대 만들기 ● 161
  ❗ 한 걸음 더_마인드맵부터 보고서 작성까지 한 번에 만드는 "펠로" ● 168

3장 생성형 AI로 30분 만에 완성하는
보고서 기획서 스토리 구성과 문서 작성 5단계
#챗GPT #클로드 #제미나이 #젠스파크 #그록 #코파일럿 #퍼플렉시티

STEP1 "파리미드 구조"를 만들어줘 ● 182
    ✹ 달인의 킥_"감마"로 PPT 보고서 초안 만들기 ● 192

STEP2 "심층 리서치"를 실행해줘 ● 201
    ✹ 달인의 킥_기본 구조부터 인포그래픽까지 다 잘하는
      "슬라이드고"로 PPT 만들기 ● 217

STEP3 문장을 "수정"해줘 ● 223

STEP4 보고서에 대해 "피드백"해줘 ● 233

STEP5 1분 스피치 "스크립트"를 작성해줘 ● 243
    ✹ 달인의 킥_텍스트 시각화 AI "냅킨AI"로 디자이너 되기 ● 252
    👣 한 걸음 더_"펠로"로 시장보고서 작성하기 ● 261

부록

기본 팁. PDF 파일 한글 깨짐 문제 ● 267
부록1. 골치 아픈 설문조사 설계 끝내주는 프롬프트 ● 268
부록2. 복잡한 데이터 분석 끝내주는 프롬프트 ● 272
부록3. 차별화된 차트 말아주는 프롬프트 ● 280
부록4. 워드 클라우드 말아주는 프롬프트 ● 284
부록5. 이미지 말아주는 프롬프트 ● 287
부록6. 인포그래픽 말아주는 프롬프트 ● 294

1장

생성형 AI로 지금 당장 시작하는
보고서 기획서 자료 수집 5단계

STEP 0
보고서의 목적을
생성형 AI와 함께 학습하라
#챗GPT

당신은 지금

팀장님에게 조직문화 개선 방안 보고서를 작성하라는 지시를 받았다. 사내 인터뷰를 진행할 때 의견을 제시해본 적은 있지만 보고서 작성은 처음인 당신. 팀 내에는 조직문화 관련 보고서도 없다. 갑작스럽게 이런 상황에 처하면 누구나 혼란스럽다. 대부분의 사람들은 구글과 네이버를 넘나들며 폭풍 검색을 시작한다. '조직문화 개선 방안 보고서 작성법', '조직문화 개선 방안 보고서'. 혹은 HR 관련 인터넷 카페에 들어가 "팀장님이 조직문화 개선 방안 보고서를 작성하라고 하는데, 저는 경험이 없어요. 혹시 어떻게 해야 하는지 알 수 있을까요?" 아니면 "조직문화 개선 방안 보고서를 공유받을 수 있을까요?" 등의 게시글을 올린다. 요즘에는? 바로 생성형 AI에게 질문한다. 그런데, 이렇게 하면 팀장님이 원하는 보고서를 작성할 수 있을까?

내 보고서는 왜 매번 반려될까?

보고서를 작성할 때 생성형 AI에게 묻거나, 조직문화 내외부 전문가에게 물어보면 뭔가를 얻을 수는 있다. 하지만 그렇게 작성한 보고서는 팀장이 원하는 것이 아닐 가능성이 높다.

업무에서 가장 중요한 건 무엇일까? 바로 '왜Why'다. 그렇다면 어떻게 해야 할까? 현재 회사의 이슈를 파악해서 '왜(보고서 작성의 이유-중요도)' '지금(보고서 작성의 시급성)' 조직문화 개선 방안을 마련해야 하는지 알아야 한다. 이 점을 먼저 파악해야 생성형 AI에게 질문을 하든 HR 카페에 게시글을 올리든 팀장이 원하는 답을 찾을 수 있다.

달인의 프롬프트

조직문화 개선 업무가 처음이라면, 보고서 작성에 생성형 AI를 활용할 작정이라면, 일단 생성형 AI에 현재 회사 상황을 설명하는 것이 먼저다. 생성형 AI가 아무리 똑똑해도 우리 회사의 이슈까지는 알지 못하기 때문이다(당신도 회사의 이슈를 파악하지 못했다면 팀장에게 직접 물어보라. 면박은 잠깐이다). 생성형 AI에 조직문화의 기본 개념이나 사례를 물음으로써 ● **조직문화에 대해 생성형 AI를 어느 정도 학습시켜놓는 것도 좋은 방법이다.** 조직문화 개선 방안을 어떻게 작성해야 하는지 묻는 일은 그다음이다.

> 나는 조직문화팀의 팀원으로 조직문화 개선 방안 보고서를 작성하려고 해. 일단 어떤 것부터 해야 할까?

 챗GPT 답변

1. 목표와 범위 설정
- 보고서의 목적을 명확히 정의(예: 직원 만족도 향상, 협업 문화 강화 등)
- 대상 범위(전사적 개선 vs. 특정 부서 또는 그룹)

2. 현재 조직문화 진단
- 데이터 수집: 설문조사, 인터뷰, 워크숍, 내부 보고서 분석
- 강점과 문제점 파악: 현재 조직문화에서 잘되는 점과 개선점 정리
- 핵심 이슈 도출: 주요 문제(예: 의사소통 부족, 수직적 문화 등)

3. 벤치마킹 & 트렌드 조사
- 업계 및 경쟁사의 조직문화 사례 분석
- 최신 조직문화 트렌드(예: 애자일 조직, DE&I, 워라밸 정책 등)

4. 개선 방안 도출 ✅
- 조직의 현실을 반영한 개선 아이디어 구체화
- 실행 가능성과 기대 효과 고려
- 단계별 추진 전략 수립(단기, 중기, 장기)

5. 실행 계획 수립
- 실행 주체 및 역할 정리
- 예상되는 도전과 해결 방안 마련
- 평가 및 피드백 프로세스 포함

6. 보고서 작성 구조 설계

(예시 목차)

1. 서론: 목적, 배경, 문제 인식
2. 조직문화 현황 분석: 내부 진단 결과, 주요 이슈 정리
3. 벤치마킹 및 사례 분석
4. 개선 방안 제안: 구체적인 실행 방안 및 기대효과
5. 실행 계획 및 평가 방법
6. 결론 및 제언

챗GPT의 답변을 차근차근 살펴보자. 조직문화 개선 방안 보고서의 '의도(작성 이유)'가 조직문화 진단과 사례 분석을 통한 '개선 방안 마련'이라는 것을 파악(✓)할 수 있다. 친절하게 보고서 목차도 알려준다. 챗GPT는 기본적으로 서론-본론-결론의 형태로 항상 목차를 알려준다. 따라서 회사에서 쓰는 보고서 목차 구성이 있다면 질문할 때 이 구성을 입력하고 다음과 같이 "보고서 목차는 이렇게 해줘"라고 요청한다.

> 우리 회사 보고서의 목차는 보통 다음과 같이 구성되어 있어. 앞으로는 보고서 목차를 다음과 같이 설정해줘.
> — 배경 및 목적, 현황 및 문제점, 개선 방안, 세부 실행 과제, 소요 예산 및 기대효과

가장 중요한 것은 무엇일까? 챗GPT가 첫 번째 항목에서도 언급한 것처럼 '보고서의 목적을 명확히 정의(예: 직원 만족도 향상, 협업 문화 강화 등)'하는 것이다. 내가 쓰는 보고서는 일반적인 조직문화 개선 방안 보고서가 아니라 우리 회사에 대한 보고서다. 이 점을 꼭 인지해야 한다.

회사의 이슈를 파악한 다음에는 어떤 질문을 해야 할까?

회사의 조직문화 이슈가 세대 간 갈등이라면 다음과 같이 기본적인 회사 상황을 설명한 후 생성형 AI에게 질문한다.

> 우리 회사는 최근 몇 년간 급성장한 IT 회사야. 하지만 근래에 대규모 신입 채용으로 세대 간 갈등이 심화되면서 조직 내 업무의 생산성이 하락했고 매출성장률도 하락 중이야. 이런 경우 조직문화 개선 방안 보고서 작성의 핵심은 뭐야?

조직문화 이슈의 경우 승진 적체, 연령대별 혹은 성별 직원 비중, 매출 성장·하락·정체, 조직 구조의 특성, 업종(첨단 혹은 전통 산업 관련 제조업, 서비스업), 기업 규모(중소기업, 대기업) 등이 문제가 된다. 이슈가 무엇이든 위의 질문처럼 가능한 한 구체적으로 프롬프트를 입력해야 쓸모 있는 대답을 얻을 수 있다. 생성형 AI가 지금 내가 작성하려는 보고서의 주제와 관련된 맥락(상황)을 많이 학습할수록 답변의 깊이와 정확도가 높아지기 때문이다.

 **챗GPT 답변**

1. 세대 간 갈등 해결 및 협업 강화
- 갈등 원인 분석: 신입 직원과 기존 직원 간의 인식 차이(예: 업무 방식, 소통 스타일, 가치관 차이 등)
- 소통 활성화 전략: 멘토링 프로그램, 세대 간 협업 프로젝트, 소통 채널 개선
- 조직문화 통합: 공통의 비전 및 핵심 가치 확립

2. 업무 생산성 향상 방안
- 업무 방식 최적화: 애자일 도입, 업무 표준화, 효율적인 협업 툴 사용
- 성과 기반 문화 조성: 명확한 KPI 설정, 공정한 평가 및 피드백 시스템 개선

3. 조직 성장과 개인 성장의 균형
- 교육 및 역량 개발: 세대별 맞춤형 교육 제공(리더십, 신기술 학습, 커뮤니케이션 교육 등)
- 경력 개발 기회 확대: 직급별 성장 경로 명확화, 사내 이동 기회 확대

4. 매출 성장률 회복을 위한 조직문화 전략
- 혁신 촉진 문화: 조직 내 아이디어 제안 시스템, 보상 체계 개선
- 성과와 몰입도를 높이는 보상 및 동기부여 방안: 금전적/비금전적 보상 강화, 팀 단위 성과 보상

보고서 작성 시 강조해야 할 포인트
1. 데이터 기반 문제 진단(조직 내 설문조사, 인터뷰, 생산성 데이터 활용)
2. 벤치마킹 사례 제시(유사 IT 기업의 성공적인 조직문화 사례)
3. 단기 & 장기 실행 계획(즉각적 개선 vs. 지속가능한 변화)
4. 구체적인 기대효과(갈등 완화, 업무 몰입도 증가, 매출 성장 기여 등)

챗GPT가 내놓은 답변은 매출과 업무 생산성에 초점을 두고 있다. 질문의 맥락을 정확하게 읽은 것이다. 이처럼 현재 상황을 구체적으로 제시할수록 일반적인 답변이 아닌 우리 회사를 위한 답변을 내놓을 가능성이 높아진다.

달인의 킥
마인드맵까지 척척 "젠스파크"로 아이디어 구체화하기

조직문화 개선 방안 보고서를 작성해본 경험이 있다면 챗GPT와 함께 젠스파크를 활용해 동일한 질문(나는 조직문화팀의 팀원으로 조직문화 개선 방안 보고서를 작성하려고 해. 일단 어떤 것부터 해야 할까?)의 답변을 참조하면 좋다. 챗GPT가 일반적인 내용을 잘 알려준다면, 젠스파크는 상대적으로 깊이 있는 내용을 소개한다. 다음 마인드맵은 챗GPT가 앞서 제공한 답변을 기반으로 젠스파크가 생성해 낸 것이다.

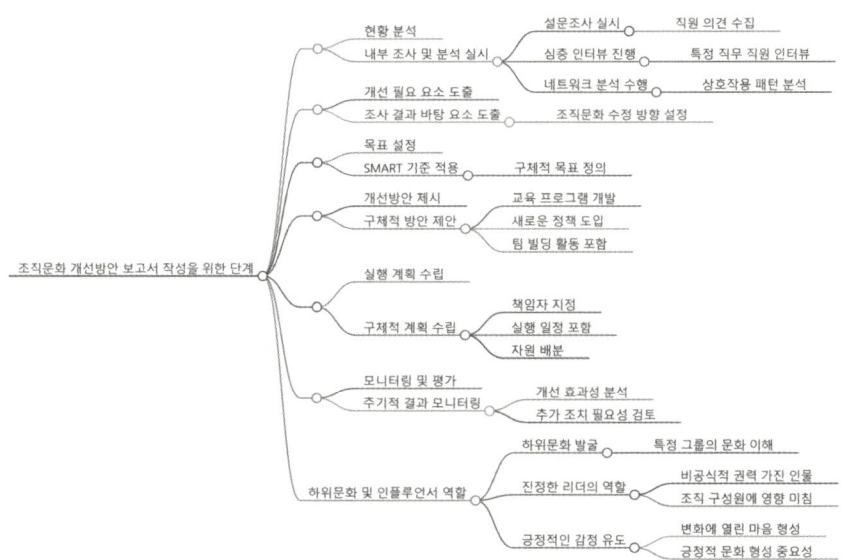

[그림 1] 젠스파크의 조직문화 개선 방안 보고서 작성 단계 마인드맵

마인드맵을 보면 알 수 있듯이, 젠스파크는 'SMART(구체적, 측정 가능, 달성 가능, 관련성, 시간제한)', '설문조사, 심층 인터뷰, 네트워크 분석' 등 구체적인 방법론이나 툴을 알려준다. 또한 젠스파크는 다른 생성형 AI가 텍스트를 나열하는 데 그치는 것과 달리 마인드맵을 통해 답변 내용을 구조화하는데, 이를 기반으로 생각을 확장할 수 있다는 강점이 있다. 조직문화와 관련해 사람들이 자주 묻는 질문도 함께 제공한다(퍼플렉시티나 코파일럿도 마찬가지다). 이와 함께 국내외 자료도 함께 제공하는데, 블로그, 티스토리, DBR, 브런치, HR 블레틴 등이 대표적이다.

젠스파크 프롬프트 예시

성공적인 조직문화 개선 사례에는 어떤 것들이 있는가?
조직문화 개선을 위한 초기 진단과 분석 방법은 무엇인가?
조직문화 개선 프로젝트에서 팀의 역할과 책임은 어떻게 분배되는가?

퍼플렉시티 프롬프트 예시

조직문화 개선 방안을 작성할 때 가장 중요한 요소는 무엇일까?
현재 조직문화의 강점과 약점은 무엇일까?
조직문화 개선에 가장 효과적인 방법은 무엇일까?
조직문화 개선 방안을 구체적으로 어떻게 구현할 수 있을까?
조직문화 개선에 대한 직원 반응을 어떻게 측정할 수 있을까?

✨ 젠스파크 답변

IT 회사의 세대 간 갈등과 조직문화 개선 방안

IT 회사에서 세대 간 갈등은 업무의 생산성 저하 및 매출성장률 감소의 주요 원인 중 하나입니다. 이러한 문제를 해결하기 위해 조직문화 개선 방안을 마련하는 것은 매우 중요합니다.

1. 세대 간 이해 및 커뮤니케이션 증진

세대 간의 가치관 및 의사소통 방식의 차이를 극복하기 위해서는, 서로의 관점을 이해하는 것이 필수적입니다. 다음의 전략을 고려해볼 수 있습니다:

- 오픈 커뮤니케이션 환경 조성: 모든 직원이 자신의 의견을 자유롭게 표현할 수 있도록 하여, 세대 간의 대화를 활성화합니다. 정기적인 팀 미팅이나 소통의 장을 마련하여 상호 이해를 높입니다.
- 세대 차이에 대한 교육 제공: 다양한 세대의 가치관 및 업무 방식을 공유하는 교육 프로그램을 운영하여, 서로의 차이를 이해하고 포용하는 문화를 형성합니다.

2. 협업과 팀워크 강화

세대 간의 갈등을 해소하고 생산성을 높이기 위해 협업을 증진시키는 방안을 채택하세요:

- 다세대 팀 구성: 서로 다른 세대가 함께 일할 수 있는 팀을 구성하여 다양한 시각을 접목시키고, 문제 해결 및 혁신을 촉진합니다.
- 멘토링 및 역멘토링 프로그램: 경험이 풍부한 세대가 젊은 세대를 멘토링하고, 반대로 젊은 세대가 새로운 기술이나 트렌드를 가르치는 역멘토링을 통해 세대 간 지식의 상호 교환을 촉진합니다.

3. 긍정적인 조직문화 환경 구축

- **다양성과 포용성 증진**: 세대적 다양성을 존중하고, 모든 직원이 가치 있게 여겨지는 문화를 조성합니다. 이는 직원의 동기부여를 높이고 이직률을 줄이는 데 기여할 수 있습니다.
- **성과 기반 보상 및 평가 시스템**: 세대 간의 공평한 평가와 보상을 위해 성과 중심의 평가 시스템을 운영하고, 직원들이 혁신과 협업에 기여할 수 있는 환경을 제공합니다.

4. 피드백과 지속적인 개선

- **정기적인 피드백 시스템 도입**: 직원들이 자신들의 목소리를 낼 수 있는 피드백 시스템을 마련하여, 문제점을 신속하게 파악하고 개선할 수 있는 기회를 제공합니다.
- **성과 모니터링 시스템 구축**: 매출 성장률 및 생산성 향상을 정기적으로 모니터링하고, 이를 기반으로 조직문화 개선 방안을 지속적으로 업데이트합니다.

5. 세대 공감의 중요성

세대 간의 갈등을 해소하고 생산성을 높이기 위해서는, 단순한 관리적 접근이 아니라 직원 간의 신뢰 구축과 공감대를 형성하는 것이 중요합니다. 모든 세대가 동일한 목표를 향해 나아갈 수 있도록 지원해야 합니다. 특히, 개인의 차이와 강점을 인정하고, 이를 기반으로 상호 협력하는 문화를 조성하는 것이 가장 효과적입니다

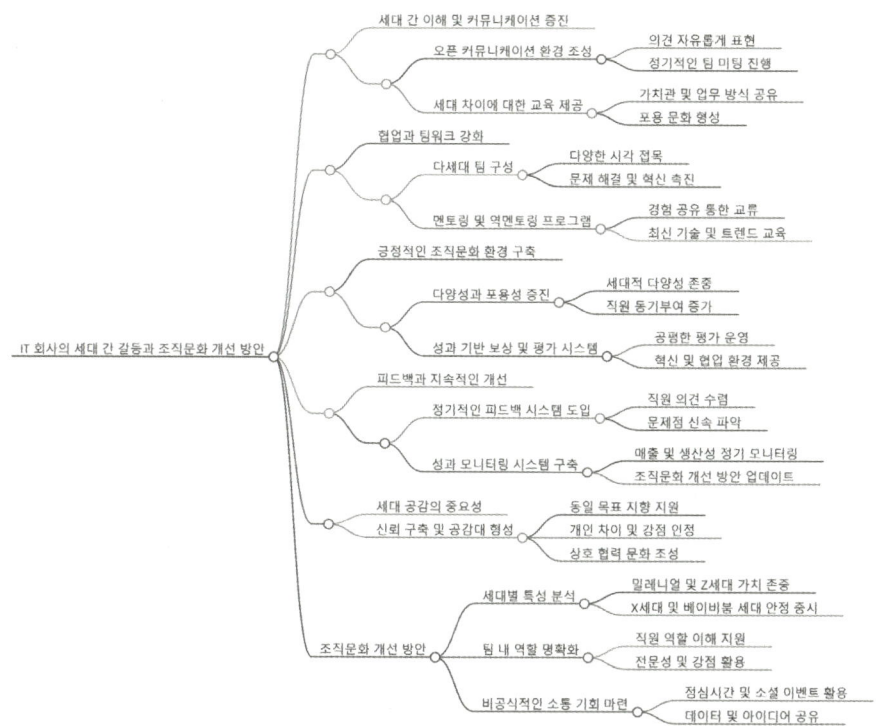

[그림 2] 젠스파크의 IT 회사의 세대 간 갈등과 조직문화 개선 방안 마인드맵

앞서 챗GPT에 했던 세대 간 갈등과 관련한 동일한 질문에 대해 전체 답변 구성을 보면 피드백과 지속적인 개선이란 내용을 제시하여 PDCA(계획, 실행, 검토, 개선) 관점의 프로세스 느낌도 있다. 그렇다면 챗GPT를 활용해 다양한 아이디어를 파악한 후 젠스파크를 통해 해당 아이디어를 구체화시키면 어떨까? ● **생성형 AI는 특성을 파악해 최소 2개 이상을 상황에 맞게 활용하는 게 가장 좋다.**

AI 채팅 활용하기

젠스파크의 AI 채팅 기능Mixture-of-Agents을 활용하면 챗GPT, 클로드, 제미나이 등의 생성형 AI가 제공하는 답변을 통합한 고품질의 콘텐츠를 확인할 수 있다. 앞서 본 젠스파크 자체의 답변보다 양적·질적 측면 모두에서 더 낫다. 질 좋은 답변을 빠르게 얻고 싶다면 젠스파크의 AI 채팅 기능을 활용하자. 참고로 젠스파크는 AI 채팅, 이미지 스튜디오, 비디오 생성, 번역 등의 기본 에이전트와 슈퍼 에이전트, AI 슬라이드, AI 시트, AI 문서, 심층연구, 팩트 체크 등 다수의 고급 에이전트를 제공하고 있다.

[그림 2] 젠스파크의 모든 에이전트

다음은 조직문화 개선 방안에 대한 젠스파크의 AI 채팅 답변이며, 챗GPT, 클로드, 제미나이 등의 답변을 어떻게 통합해서 결과물을 냈는지도 보자.

 젠스파크 답변

조직문화 개선 방안 보고서 작성 가이드

안녕하세요! 조직문화팀 팀원으로서 조직문화 개선 방안 보고서를 작성하시는 중요한 임무를 맡으셨네요. 효과적인 보고서 작성을 위한 단계별 접근법을 안내해 드리겠습니다.

1. 조직문화 현황 분석

먼저 객관적인 데이터를 기반으로 현재 조직문화의 상태를 정확히 파악하는 것이 중요합니다. 다음과 같은 방법으로 현황을 분석할 수 있습니다:

- **설문조사:** 익명으로 진행하여 구성원들이 솔직한 의견을 표현할 수 있도록 합니다.
  - 직원 만족도, 소속감, 리더십 신뢰도 등을 측정하는 구조화된 질문
  - 자유응답형 질문을 통한 정성적 피드백 수집
- **인터뷰:** 다양한 직급과 부서의 구성원들과 1:1 또는 그룹 인터뷰를 진행합니다.
  - 부서별, 직급별, 근속연수별 샘플링을 통한 다양한 관점 확보
  - 반구조화된 질문지를 활용한 심층 인터뷰
- **관찰:** 일상적인 업무 환경에서의 행동과 상호작용을 관찰합니다.
  - 회의 진행 방식, 의사결정 과정, 갈등 해결 방식 등 관찰
  - 물리적 업무 환경 및 공간 활용 분석

- **데이터 분석:** 조직 내 기존 데이터를 활용한 분석
  – 이직률, 결근율, 업무 성과, 팀워크 지표 등 검토
  – 부서별/직급별 문화 차이점 파악

2. **벤치마킹 및 트렌드 조사**

   우수한 조직문화를 가진 기업들의 사례를 연구하고, 최신 조직문화 트렌드를 파악합니다:

   - **산업 내 선도 기업 벤치마킹:** 동종 업계에서 조직문화로 인정받는 기업의 사례 연구
   - **산업 외 혁신 기업 벤치마킹:** 다른 산업에서 혁신적인 조직문화를 가진 기업 사례 연구
   - **글로벌 조직문화 트렌드:** 최신 글로벌 조직문화 동향 및 미래 전망 조사
   - **코로나19 이후 변화된 근무환경과 조직문화 동향:** 원격/하이브리드 근무, 디지털 협업 등

3. **개선 목표 설정**

   분석 결과를 바탕으로 구체적이고 측정 가능한 개선 목표를 설정합니다. 목표는 SMART 원칙을 따라야 합니다.

5. **실행 계획 수립**

   제안된 개선 방안을 실행하기 위한 구체적인 계획을 수립합니다.

   - **담당자/부서 지정:** 각 방안별 책임자 및 협업 부서 명시
   - **단계별 실행 일정:** 세부 일정 및 마일스톤 설정
   - **필요 자원 산정:** 예산, 인력, 시간 등 필요 자원 계획
   - **위험 요소 및 대응 방안:** 예상되는 장애물과 대응 전략
   - **변화 관리 전략:** 구성원들의 저항 관리 및 참여 유도 방안

예시 실행 계획 형식:

개선 방안	담당자/부서	실행 일정	필요 자원	위험 요소 및 대응 방안
정기 타운홀 미팅	커뮤니케이션팀	매월 첫째 주	회의실, 화상회의 시스템	참여율 저조 시 부서별 대표 지정

6. 성과 측정 방법 제시

개선 방안의 효과를 측정할 수 있는 지표와 방법을 명확히 제시합니다.

- **정기적인 직원 설문조사:** 분기별/반기별 조직문화 설문 실시
- **핵심성과지표 KPI:** 이직률, 직원 만족도, 협업 지수 등 측정
- **정성적 피드백 수집:** 인터뷰, 포커스 그룹 등을 통한 심층 피드백
- **비즈니스 성과 연계 지표:** 생산성, 혁신성, 고객 만족도 등과의 연관성 분석
- **데이터 분석 및 보고 주기:** 데이터 수집, 분석, 보고 일정 수립

7. 보고서 작성 구조 및 유의사항

효과적인 보고서 작성을 위한 구조와 유의사항은 다음과 같습니다:

보고서 구조

- 요약 Executive Summary: 핵심 내용 1~2페이지 요약
- 서론: 보고서의 목적, 배경, 범위
- 현황 분석: 조직문화 진단 결과 및 주요 이슈
- 벤치마킹 및 트렌드: 관련 사례 및 동향
- 개선 목표: 단기, 중기, 장기 목표
- 개선 방안: 각 영역별 구체적 개선 방안
- 실행 계획: 일정, 자원, 책임자 등
- 성과 측정 방법: 평가 지표 및 방법

- 결론 및 제언: 주요 내용 요약 및 제언
- 부록: 상세 데이터, 참고 자료 등

유의사항

- 데이터와 사실에 기반한 객관적 서술 유지
- 시각적 자료(그래프, 차트, 인포그래픽) 활용
- 각 제안의 비용 대비 효과ROI 명시
- 전문 용어 사용 시 명확한 설명 제공
- 참고 문헌 및 데이터 출처 명확히 기재

8. 추가 고려사항

조직문화 개선의 성공을 위해 다음 사항을 반드시 고려해야 합니다.

젠스파크의 생성형 AI 답변 통합 Reflection

젠스파크는 다양한 모델을 검토해 "가장 효과적인 접근법은 모델 2의 보고서 구조를 기본 프레임워크로 삼고, 모델 1의 조직문화 평가 방법론과 모델 3의 SMART 목표 설정 및 이해관계자 관리 방안을 통합하는 것입니다"라고 말한다.

젠스파크 답변

모델 응답 분석

〈모델 응답 1 (GPT-4o) 분석〉

주요 내용

조직문화 개선을 위한 체계적인 6단계 접근법 제시

- 현재 조직문화 평가 방법(설문조사, 인터뷰, 관찰)
- 개선 영역 식별, 목표 설정, 개선 전략 개발
- 실행 계획 수립 및 모니터링/평가 단계 포함

강점

- 체계적이고 순차적인 접근법 제공
- 각 단계별 구체적인 방법론 제시
- 조직문화 평가를 위한 다양한 데이터 수집 방법 제안
- 실행 후 모니터링의 중요성 강조

약점

- 보고서 작성 자체에 대한 구체적인 형식이나 구조 제안 부족
- 벤치마킹이나 외부 사례 연구에 대한 언급이 부족
- 조직문화 개선의 ROI나 비즈니스 영향에 대한 고려가 제한적
- 구성원 참여 유도에 대한 구체적인 방안이 부족

〈모델 응답 2(Claude 3.7 Sonnet) 분석〉

주요 내용

- 7단계 보고서 작성 가이드 제공
- 현황 분석, 벤치마킹, 목표 설정, 개선 방안 도출

〈모델 응답 3(Gemini 2.0 Flash) 분석〉

주요 내용

- 5단계 보고서 작성 과정 제시
- 현황 분석 및 문제점 파악, 개선 목표 설정, 개선 방안 도출

〈응답 비교 및 대조〉

공통점

- 세 모델 모두 체계적인 단계별 접근법 제시
- 현재 상태 분석, 목표 설정, 개선 방안 도출, 실행 계획 수립, 평가의 기본 프레임워크 공유
- 데이터 기반 의사결정의 중요성 강조
- 구체적인 목표 설정의 필요성 언급

차이점

- 모델 1은 조직문화 평가 방법에 더 초점
- 모델 2는 보고서 작성 구조와 벤치마킹에 더 강조점
- 모델 3은 SMART 목표 설정과 경영진 지지 및 구성원 참여에 더 중점
- 모델 2는 단기/중기/장기 목표 구분을 명확히 제시
- 모델 3은 추가적인 고려사항으로 경영진 지지와 구성원 참여를 별도로 강조

〈종합적 평가〉

세 모델의 응답은 상호 보완적입니다. 모델 1은 조직문화 평가 방법에 강점

이 있고, 모델 2는 보고서 구조와 벤치마킹에 강점이 있으며, 모델 3은 목표 설정 방법론과 이해관계자 관리에 강점이 있습니다. 이 세 가지 관점을 결합하면 보다 완전한 조직문화 개선 방안 보고서 작성 가이드를 만들 수 있습니다.

가장 효과적인 접근법은 모델 2의 보고서 구조를 기본 프레임워크로 삼고, 모델 1의 조직문화 평가 방법론과 모델 3의 SMART 목표 설정 및 이해관계자 관리 방안을 통합하는 것입니다. 또한 세 모델 모두 언급하지 않은 조직문화 이론적 프레임워크나 변화 관리 전략에 대한 내용을 추가하면 더욱 완성도 높은 가이드가 될 것입니다.

STEP1
어떤 "자료"가 필요한지
정리해줘

#챗GPT #제미나이

당신은 지금

챗GPT와 젠스파크를 통해 조직문화 개선에 어떻게 접근해야 하는지 파악했다. 이제는 실제로 조직문화를 개선하기 위한 본격적인 업무에 들어가야 한다. 기본 절차나 방법은 파악했지만, 구체적으로 어떤 자료가 필요한지 모르겠다. 머리로는 이해가 되지만, 실제 내외부의 어떤 자료를 활용해 조직문화 개선 방안 보고서를 작성할 수 있을까?

필요한 자료 요청하기

생성형 AI는 프로젝트의 A부터 Z까지의 업무 대부분을 수행할 수 있다. 필요 자료를 요청할 때도 마찬가지다. 생성형 AI에게 어떤 업무를 하려고 하는지를 알려주고 그에 맞는 자료를 요청하면 된다. 특별히 어렵지 않다. ● **보고서 작성 주제 + 필요 자료** 형태로 간단히 프롬프트를 구성해보는 것으로 시작하자.

> 조직문화팀의 팀원으로 조직문화 개선 방안 보고서를 작성하려고 해. 보고서 작성을 위해 필요한 자료가 무엇인지 알려줘!

 챗GPT 답변

1. 현황 분석을 위한 내부 데이터

    조직문화의 현 상태를 진단하는 자료

임직원 설문조사 결과
- 조직문화 만족도 (예: 업무 방식, 의사소통, 보상, 성장 기회 등)
- 조직 내 협업 및 소속감 수준
- 세대 간 갈등 인식 여부 및 주요 원인

퇴사자 인터뷰 및 퇴사 사유 데이터:
- 높은 이직률이 조직문화와 관련 있는지 분석
- 신입 및 경력직 퇴사자의 차이점

HR 데이터:
- 연령대별 및 직급별 이직률
- 근속연수 분석 (특정 세대의 조기 퇴사 여부)
- 성과평가 결과 및 피드백

익명 게시판 및 VOC Voice of Customer **분석:**
- 내부 커뮤니케이션 채널에서 자주 언급되는 불만 사항
- 직원들의 자발적 제안 사항

2. 조직문화 비교 및 벤치마킹 자료

성공적인 조직문화를 가진 기업들의 사례 연구

동종업계 기업의 조직문화 분석
- 빠르게 성장한 IT 기업들의 조직문화 특징
- 유사한 문제를 겪은 기업들의 해결 사례

글로벌 기업의 조직문화 사례
- Google, Netflix, Amazon 등의 조직문화 성공 사례 ✅
- 직급 없는 조직, 자율 근무제 등 혁신적 문화 도입 효과

HR 컨설팅 및 연구 기관 보고서
- Gartner, McKinsey, Deloitte 등의 조직문화 연구 자료

3. 세대 간 갈등 및 신입 직원 적응 관련 연구

다세대 조직에서의 문제와 해결 방안 참고 자료

챗GPT는 현황 분석을 위한 내부 데이터, 벤치마킹 등의 자료에 대해 구체적으로 알려줬다. 특히 벤치마킹과 관련해서는 구글, 넷플릭스, 아마존 등의 조직문화 성공 사례()를 분석해야 한다는 것까지 알려줬다. 그러면 어떤 기업을 벤치마킹해야 하는지 고민할 필요가 없기 때문에 업무 시간을 단축할 수 있다.

제미나이는 챗GPT와 달리 현황 분석, 개선 목표 설정, 개선 방안, 결과 측정 등 업무 프로세스 관점에서 필요 자료를 제시했다.

✦ 제미나이 답변

1. 현황 분석 자료

조직문화 진단 자료
- 설문조사 결과: 조직문화 관련 설문조사 결과 데이터 및 분석 자료
- 인터뷰 결과: 구성원 인터뷰 내용 및 분석 자료
- 워크숍 결과: 워크숍 결과 보고서 및 참여자 의견 정리 자료
- 조직문화 관련 지표: 이직률, 만족도, 생산성 등 조직문화 관련 지표 데이터 및 분석 자료

내부 자료
- 회사 규정 및 제도: 인사 규정, 복리후생 제도, 평가 시스템 등
- 내부 커뮤니케이션 자료: 사내 게시판, 뉴스레터, 소셜미디어 등
- 조직도 및 부서별 업무 현황: 조직 구조 및 각 부서의 업무 프로세스 관련 자료

외부 자료
- 벤치마킹 자료: 성공적인 조직문화 개선 사례 연구 자료

- 산업 동향 자료: IT 산업의 조직문화 트렌드 및 변화 관련 자료
- 전문가 의견: 조직문화 컨설턴트 또는 전문가의 자문 의견

2. 개선 목표 설정 자료

경영진 인터뷰 자료

〜〜〜〜〜〜〜〜〜〜

4. 결과 측정 자료

개선 활동 결과 자료

- 개선 활동 실행 결과: 개선 방안별 실행 결과 및 성과 자료
- 개선 활동 평가: 개선 활동에 대한 내부 평가 및 외부 평가 자료

개선 효과 측정 자료

- 개선 전후 비교 자료: 조직문화 관련 지표의 개선 전후 비교 데이터
- 구성원 만족도 변화: 개선 활동 전후 구성원 만족도 변화 관련 자료

업무 프로세스 관점의 제미나이 답변 또한 실제 업무 수행에 필요한 자료를 단계별로 이해할 수 있어 유용하다. 챗GPT와 제미나이의 답변을 바탕으로 구체적인 자료를 단계별로 정리하면 본격적으로 업무를 시작할 수 있을 것이다.

STEP2
"최신 정보"를
대신 검색해줘

#챗GPT #제미나이 #퍼플렉시티

당신은 지금

조직문화 개선 방안 보고서 작성을 위해 국내외 조직문화 혁신 사례를 찾으려고 한다. 국내 사례도 필요하지만, 해외 선진기업들은 어떻게 조직문화를 혁신해 지속가능한 성장 기반을 구축했는지 알고 싶다. 인터넷 기사를 일일이 찾아보기는 너무 힘들고, 사례를 찾기도 생각보다 쉽지 않다.

최신 정보를 어떻게 수집할 것인가

2022년 말 챗GPT 출시 이후 생성형 AI의 가장 큰 이슈 중 하나는 최신 정보의 수집이었다. 지금은 크롬 확장프로그램에서 Web-ChatGPT를 추가하면 최신 정보를 수집할 수 있다. 또한 챗GPT의 웹 검색이나 다른 생성형 AI를 활용하면 최신 정보의 수집 이슈를 손쉽게 해소할 수 있다.

이제는 네이버, 구글 등의 키워드 검색이 아닌 생성형 AI를 활용한 대화형 검색을 통해 손쉽게 정보 수집이 가능하다. 챗GPT는 서치GPT를 출시했고, 퍼플렉시티 또한 텍스트뿐만 아니라 이미지, 동영상과 관련한 다양한 웹 소스를 제공한다. 젠스파크 또한 젠스파크 AI 브라우저를 출시하며 검색 시장에 진입했다.

[그림 1] 챗GPT의 웹 검색 기능 On

챗GPT의 웹 검색 기능 On

조직문화 사례를 찾아달라는 가장 기초적인 수준의 질문이다. **주제 + 사례** 조합 형태로 프롬프트를 입력해보자.

> IT 회사의 조직문화 혁신 혹은 우수 사례를 알려줘.

 챗GPT(웹 검색 기능) 답변

1. 마이크로소프트Microsoft: 개방적 조직문화로의 전환

과거 폐쇄적이고 경쟁 중심의 문화로 인해 혁신에 어려움을 겪었던 마이크로소프트는 CEO 사티아 나델라의 리더십 아래 '모바일 퍼스트, 클라우드 퍼스트'라는 새로운 비전을 제시하며 조직문화를 개방적이고 협업 중심으로 전환했습니다. 이는 직원들의 성장과 협력을 강조하는 문화로 변화시켜 기업의 재도약을 이끌었습니다. blog.greetinghr.com

2. 넷플릭스Netflix: 자유와 책임의 문화

넷플릭스는 직원들에게 높은 수준의 자유를 부여하면서도 그에 상응하는 책임을 강조하는 문화를 구축했습니다. 이는 직원들의 자율성과 창의성을 최대한 발휘하게 하여 혁신적인 아이디어와 성과를 도출하는 데 기여했습니다. openads.co.kr

3. 픽사Pixar: 창의성과 협동심의 균형

픽사는 초기 아이디어의 발굴과 정제 과정을 지원하는 심리적 안전망을 구축하여 창의성과 협동심을 균형 있게 발전시켰습니다. 이는 직원들이 자유

8. 고어텍스Gore-Tex: 수평적이고 자율적인 조직 구조

고어텍스는 보스도 없고 직급도 없는 수평적이고 자율적인 조직 구조를 운영하며, 200명 정도가 되면 조직을 쪼개어 작은 단위로 운영하는 방식을 채택했습니다. 이는 동료 간 압박을 통해 선의의 경쟁을 지향하며, 자율성과 책임감을 높이는 데 기여했습니다. it-b.co.kr+1openads.co.kr+1

참고로 생성형 AI의 경우, 웹 페이지에서는 각주가 번호나 아이콘 형태로 제시되는데, 한글에 텍스트를 복사하면 지금처럼 세부 출처가 보인다.

 제미나이 답변

1. 넷플릭스Netflix: '자율과 책임'의 문화
- 넷플릭스는 '자율과 책임'이라는 핵심 가치를 바탕으로 독특한 조직문화를 구축했습니다.
- 구체적인 정책이나 규정보다는 직원들의 책임감과 신뢰를 중시하며, 이를 통해 창의적이고 자율적인 의사 결정을 장려합니다.
- 높은 수준의 인재에게 최고의 대우를 제공하고, 성과에 따라 파격적인 보상을 지급하는 것으로 유명합니다.
- 이러한 문화는 넷플릭스의 혁신적인 서비스와 콘텐츠 제작에 큰 기여를 하고 있습니다.

2. 픽사Pixar: '창의성과 협동심'의 문화
- 픽사는 애니메이션 제작 과정에서 창의성과 협동심을 매우 중요하게 생

각합니다.

이러한 사례들은 IT 회사들이 어떻게 조직문화를 혁신하고, 이를 통해 성과를 창출하고 있는지 보여줍니다.

 퍼플렉시티 답변

마이크로소프트의 조직문화 혁신

1. 새로운 비전 제시
- "모바일 퍼스트, 클라우드 퍼스트" 전략 도입
- 회사를 "플랫폼과 생산성을 제공하는 회사"로 재정의

2. 미래 지향적 투자
- 혼합현실, 인공지능, 양자컴퓨팅에 집중 투자

3. 개방적 조직문화로의 전환
- "Know it all"에서 "Learn it all" 문화로 변화
- "영향력IMPACT" 개념 도입: 개인 평가 시 협업과 타인의 성공에 미친 영향 중시

혁신적 조직문화

1. 구성원 신뢰 기반 문화
- 직원들의 자율성과 역량 발휘를 위한 전폭적 지원
- 실패에 관대하고 혁신을 중시하는 환경 조성

2. 협업과 성장 중심 평가
- 동료와 팀을 어떻게 도왔는지가 주요 평가 요소
- 긍정적 피드백 문화: 잘한 일에 대한 구체적 평가와 칭찬 장려

3. 리더십의 솔직한 소통
- 리더들이 자신의 약점과 실패 경험을 공유하여 실패에 대한 두려움 해소

생성형 AI의 답변들을 살펴보면, 챗GPT, 클로드, 제미나이는 국내외 기업 사례를 모두 제시했다. 반면 퍼플렉시티는 일부 해외 기업의 사례만 제시했으나 분석 내용을 구조화했다는 점이 타 생성형 AI와의 차별점이다. 젠스파크는 일반적으로 사람들이 잘 모르는 사례를 제시해 여기서는 다루지 않았다. (소스를 보면, CIO 사이트에서 추출한 것으로 나타났다.) 답변에서는 생략되었지만, 제미나이는 앞에 제시된 기업 외 삼성전자, SK그룹, 현대차그룹, LG전자, LS그룹, CJ제일제당을 한 줄로 짧게 소개했다.

챗GPT의 웹 검색 기능 Off

챗GPT의 웹 검색 기능을 끄면 챗GPT가 알아서 조직문화 사례를 분석하고 그에 따른 시사점을 제시해준다.

챗GPT 답변

IT 회사의 조직문화 혁신 사례는 다양하지만, 사용자의 상황(대규모 신입 채용으로 인한 세대 갈등, 생산성 저하, 매출 성장률 하락)에 맞춰 도움이 될 만한 사례와 인사이트를 제공하겠다.

1. 넷플릭스Netflix: 자유와 책임의 균형
- 핵심 전략: 성과 중심 조직문화 & 강한 신뢰

  넷플릭스는 '자유와 책임Freedom & Responsibility'을 조직문화의 핵심 가치

- 적용 가능 인사이트
  - **성과 중심 문화 정착:** 신입사원과 기존 직원 간 갈등을 줄이려면 성과와 기여도 중심으로 공정한 평가 시스템이 필요함.
  - **유연한 업무 방식 도입:** 불필요한 규정을 줄이고, 성과와 신뢰를 기반으로 한 자율적인 업무 방식을 확대.

2. 구글Google: 심리적 안전감과 데이터 기반 의사결정
- 핵심 전략: 창의성과 협업을 극대화하는 환경 구축

  구글은 조직 내 심리적 안전감Psychological Safety을 가장 중요한 요소로 간

- 적용 가능 인사이트
  - 심리적 안전감 조성: 신입 직원이 자신의 의견을 자유롭게 말할 수 있도록 조직문화를 설계해야 함.

- **데이터 기반 조직 운영:** 직원들의 피드백을 데이터화해 조직문화 개선 전략을 지속적으로 수정·보완.

3. 마이크로소프트Microsoft: 성장 마인드셋Growth Mindset

- 핵심 전략: 위계질서를 탈피하고 유연한 사고 장려

마이크로소프트는 CEO 사티아 나델라 취임 이후, 경쟁적인 문화에서 협

- **적용 가능 인사이트**
- **신입과 기존 직원 간 '성장 마인드셋' 강조:** 세대 갈등을 줄이기 위해 "배우고 성장하는 문화"를 정착.

STEP3
"사례"를
분석해서 정리해줘

#챗GPT #퍼플렉시티 #클로드

당신은 지금

네이버 검색을 통해 다양한 혁신 사례는 블로그나 기사에서 확인했다. 구글 "pdf" 검색을 통해 연구소에서 나온 자료도 봤다. 그런데 시간이 없다. 정리가 된 자료가 필요하다. 보고서 작성까지 고려하면 1~2일 만에 정리된 내용이 있어야 한다.

질문을 바꾸면 답이 달라진다

회사의 자료수집 중 많은 부분이 벤치마킹이다. 국내외 우수기업의 사례를 분석해 해당 기업의 혁신 방안을 마련하고 싶기 때문이다. 이런 경우 가장 쉬운 프롬프트는 "○○○와 관련된 우수 사례를 알려줘"다. 하지만 이렇게 질문하면, 실무에서 활용 가능한 답변보다는 "아, 이런 사례들이 있구나" 정도의 답을 얻을 뿐이다. 이 질문 후에는 ● **답변을 보고 우리 회사와 상황이 비슷한 혹은 벤치마킹하고 싶은 기업의 사례를 구체적으로** 물어보는 게 좋다. 여기서 한 단계 더 나아가 어떤 질문을 할 수 있을까? 다양한 국내외 기업의 사례를 분석해 조직문화 혁신의 핵심 성공요인을 도출하거나, 우리 회사의 적용 방안을 마련해볼 수 있지 않을까? 처음부터 너무 많은 것을 요구하기보다는 단계적으로 접근하면 내 업무 지식도 쌓이고 창의적인 아이디어를 도출할 수 있다.

중급 질문: 사례 심층 분석 프롬프트

이 프롬프트는 앞선 검색과 달리 중급 수준의 질문이다. 단순 검색 질문을 통해 획득한 사례를 깊이 있게 분석하기 위한 질문이다. 다음은 STEP2의 답변에 이어 "같은 창"에서 질문할 때 활용할 프롬프트다.

> 위 국내외 조직문화 혁신 혹은 우수 사례에 대해 다음과 같이 정리해줘.
> — 조직문화 혁신 배경, 주요 혁신 활동, 주요 성과

챗GPT 답변

1. 마이크로소프트 Microsoft

- **혁신 배경**: 과거 폐쇄적이고 경쟁 중심의 문화로 인해 혁신에 어려움을 겪었습니다.
- **주요 혁신 활동**: CEO 사티아 나델라의 리더십 아래 '모바일 퍼스트, 클라우드 퍼스트'라는 새로운 비전을 제시하며 조직문화를 개방적이고 협업 중심으로 전환했습니다.
- **주요 성과**: 직원들의 성장과 협력을 강조하는 문화로 변화시켜 기업의 재도약을 이끌었습니다.

2. 넷플릭스 Netflix

- **혁신 배경**: 급변하는 미디어 환경에서 빠른 의사결정과 혁신이 필요했습니다.
- **주요 혁신 활동**: 직원들에게 높은 수준의 자유를 부여하면서도 그에 상응하는 책임을 강조하는 문화를 구축했습니다.
- **주요 성과**: 직원들의 자율성과 창의성을 최대한 발휘하게 하여 혁신적인 아이디어와 성과를 도출하는 데 기여했습니다.

3. 픽사 Pixar

- **혁신 배경**: 애니메이션 산업에서 지속적인 창의성과 혁신이 요구되었습니다.

- **주요 혁신 활동**: 초기 아이디어의 발굴과 정제 과정을 지원하는 심리적 안전망을 구축하여 창의성과 협동심을 균형 있게 발전시켰습니다.
- **주요 성과**: 직원들이 자유롭게 아이디어를 공유하고 협력할 수 있는 환경을 조성하여 혁신적인 결과물을 만들어냈습니다. (중략)

분석 내용을 표로 만들어보자

챗GPT의 답변을 보면, 단순 사례 소개 질문에서는 없었던 혁신 배경들(✓)이 추가된 사례 분석의 기본 틀이 구성되었다. 이 답변 사례에서도 볼 수 있듯이, 생성형 AI의 핵심은 질문하는 사람이 머릿속에 어떤 틀을 가지고 질문하느냐에 따라 답변의 질이 달라진다는 것이다.

여기서 한 단계에 더 나아가려면 어떤 질문이 좋을까? 앞의 답변에서는 기업별 조직문화 혁신 사례에 대한 내용이 항목별로 반복된다. 보고서 작성에서 반복은 가독성을 떨어뜨린다. 그렇다면 이 내용을 표로 만들면 어떨까? ● **표는 복잡한 내용을 한눈에 보여주는 가장 기본적인 시각화 도구**다.

> 위 국내외 조직문화 혁신 혹은 우수 사례에 대해 다음 사항을 포함해서 표로 비교 분석해줘.
> ― 조직문화 혁신 배경, 주요 혁신 활동, 주요 성과

 챗GPT 답변

기업명	혁신 배경	주요 혁신 활동	주요 성과
마이크로소프트 Microsoft	폐쇄적이고 경쟁 중심의 문화로 인한 혁신 저하	CEO 사티아 나델라의 리더십 아래 개방적이고 협업 중심의 문화로 전환	직원들의 성장과 협력을 강조하며 기업의 재도약을 이끌어냄
넷플릭스 Netflix	급변하는 미디어 환경에서 빠른 의사결정과 혁신 필요	직원들에게 높은 수준의 자유와 그에 상응하는 책임을 부여하는 문화 구축	직원들의 자율성과 창의성을 최대한 발휘하여 혁신적인 아이디어와 성과 도출
픽사 Pixar	애니메이션 산업에서 지속적인 창의성과 혁신 요구	초기 아이디어 발굴과 정제 과정을 지원하는 심리적 안전망 구축	직원들이 자유롭게 아이디어를 공유하고 협력할 수 있는 환경 조성으로 혁신적인 결과물 창출

위 표에는 답변의 일부 기업만 제시되었고, 가로축에는 혁신 배경, 주요 혁신 활동, 주요 성과, 세로축에는 기업이 제시되어 있다. 이처럼 표는 1차원 텍스트를 2차원으로 만들어 반복을 제거한다. 제미나이의 경우, 답변 끝에 'Sheets로 내보내기' 기능이 있어 엑셀이나 PDF로 바로 저장이 가능하다. 다른 생성형 AI는 보통 복사 기능이 있어 PPT나 엑셀에 붙여넣기만 하면 따로 표를 그리지 않아도 된다.

Sheets로 내보내기

[그림 1] 제미나이의 Sheest로 내보내기 기능

퍼플렉시티는 다른 생성형 AI와 달리 정량적인 측면의 내용을 제시해준다. 그래서 퍼플렉시티와 다른 생성형 AI의 답변을 적절히 활용하면 사례 분석의 질을 높일 수 있다. 정량적인 내용에 대한 소스도 제시해준다.

퍼플렉시티 답변

구분	마이크로소프트	구글
혁신 배경	2014년 사티아 나델라 CEO 취임 당시 조직 내 경쟁적 문화와 부서 간 장벽으로 혁신 저하	기술 변화 속도에 대응하며 지속적 혁신 유지 필요

주요 혁신 활동	- 'Learn it all' 성장 마인드셋 도입
	- 부서 간 협업 강화
	  (Office 365 ↔ LinkedIn 통합)
	- 매주 진행되는 문화 위원회 운영
	  (직원 참여형 의사결정)
		- '20% 시간' 제도
		  (사이드 프로젝트 허용)
		- 데이터 기반 의사결정 시스템
		- 전사적 정보 공유 오픈 문화

주요 성과	- 시가총액 1조 달러 회복(2019년) - 협업 지수 17% 상승 - 혁신 제품 출시 주기 단축	- Gmail/Android 등 혁신 제품 다수 배출 - 2025년 글로벌 혁신 기업 1위 선정 - 직원 이직률 35% 감소

퍼플렉시티는 특징적으로 다음과 같이 문화 접근 방식, 성과 측정 기준, 변화 관리 전략 등 사례 기업 간의 차이점까지 분석한다.

> **퍼플렉시티 답변**
>
> **주요 차이점 분석**
>
> **문화 접근 방식**
> - 마이크로소프트: 기존 문화의 구조적 개선에 집중(경쟁 → 협업 전환)
> - 구글: 창업 초기부터 혁신 DNA를 유기적으로 발전
>
> **성과 측정 기준**
> - 마이크로소프트: 재무 성과와 조직 건강도 지표 병행 사용
> - 구글: 사용자 경험 개선과 직원 창의성 지표 강조
>
> **변화 관리 전략**
> - 마이크로소프트: 리더십 주도 하향식 접근 + 직원 피드백 시스템
> - 구글: 자율적 실험을 통한 상향식 혁신 유도
>
> 양사 모두 직원 참여 확대를 통해 조직 효율성을 40% 이상 향상시켰으며, 혁신 제품 출시 주기를 30% 단축한 공통점이 있습니다. 특히 두 기업 모두 문화 개선을 위해 연간 200만 달러 이상의 직원 교육 예산을 투입한 점이 특징입니다.

고급 질문: 통합 및 적용 프롬프트

결국 내가 알고 싶은 건 다른 좋은 사례들의 핵심 성공요인이나 우리 회사에 적용할 수 있는 방안을 마련하는 것이다.

> 위 국내외 조직문화 혁신 혹은 우수 사례를 바탕으로 조직문화 혁신의 핵심 성공요인을 3가지로 정리해줘.

 챗GPT 답변

1. 명확한 비전과 조직의 방향성 설정
- **왜 중요한가?**
  - 조직이 빠르게 성장할수록 구성원들은 **조직의 목표와 방향성을 이해하기 어렵게 됨**
  - 명확한 비전과 조직문화 목표가 없으면, **세대 간 갈등**과 **의사결정 혼선**이 발생
- **성공 사례**
  - **마이크로소프트**: "모바일 퍼스트, 클라우드 퍼스트"라는 비전 수립 후 협업 중심 조직문화로 변화
  - **LG CNS**: "디지털 혁신"이라는 목표 아래 유연한 조직문화 도입
- **핵심 전략**
  - 조직의 핵심 가치를 정립하고 **전 직원과 공유**
  - 조직문화 혁신의 목표를 명확하게 설정 → **"우리가 지향하는 문화는 무엇인가?"**

2. 개방적이고 투명한 소통 문화 구축

- **왜 중요한가?**
  - 빠르게 성장하는 조직에서는 기존 **직원과 신입 직원 간 업무 방식과 가치관 차이**가 발생

최종 정리: 조직문화 혁신의 핵심 성공요인

핵심 성공요인	설명	주요 사례
명확한 비전과 방향성 설정	조직의 핵심 가치와 목표를 명확하게 정립하고 공유	마이크로소프트, LG CNS
개방적이고 투명한 소통 문화 구축	자유로운 의견 교환과 협업을 촉진하는 소통 방식 도입	넷플릭스, 픽사
자율성과 책임을 강조하는 환경 조성	직원들에게 자율성을 부여하되 책임을 명확하게 정의	어도비, 고어텍스

　핵심 성공요인은 명확한 비전과 방향성 설정, 개방적이고 투명한 소통 문화 구축, 자율성과 책임을 강조하는 환경 조성으로 나타났다. 챗GPT는 '왜 중요한가, 성공 사례, 핵심 전략' 등 3가지 측면에서 답변을 한 후 최종 정리까지 해줬다.

　다른 생성형 AI도 유사한 항목을 보여줬다. 다만 클로드는 '성공 요소, 사례 증거, 적용 방안' 등으로 항목을 나눠서 답변했다. ● **클로드의 경우 사례 증거, 적용 방안에 대한 세부 질문을 하면 심층 분석 결과를 얻을 수 있기 때문에 추가 질문을 해보는 게 좋다.**

> 클로드 답변

1. 자율성과 책임의 균형
- **성공 요소**: 구성원들에게 업무 방식과 의사결정에 대한 충분한 자율권을 부여하되, 명확한 책임과 연결하는 구조
- **사례 증거**: 구글의 '20% 타임', 스포티파이의 '스쿼드' 모델, 애틀라시안의 'ShipIt Days'
- **적용 방안**: 팀 단위의 자기주도적 목표 설정과 성과 관리, 실험적 접근을 장려하는 프로젝트 구조 도입

2. 명확한 가치와 목적 공유
- **성공 요소**: 조직의 비전과 가치를 명확히 정의하고 모든 의사결정과 행동의 기준점으로 삼는 문화
- **사례 증거**: 마이크로소프트의 '성장 마인드셋', 허브스팟의 'HEART' 가치 체계, 네이버의 '1784' 철학
- **적용 방안**: 세대를 아우르는 공감대 형성 가능한 핵심 가치 재정립, 일상적 의사결정에 가치 기반 판단 체계 적용

3. 심리적 안전감과 투명한 소통
- **성공 요소**: 실패를 학습의 기회로 받아들이고, 다양한 의견을 자유롭게 표현할 수 있는 환경
- **사례 증거**: 마이크로소프트의 심리적 안전감 조성, 슬랙의 투명한 채널 운영, 구글의 개방형 커뮤니케이션
- **적용 방안**: 세대 간 상호 이해 프로그램 도입, 다양한 소통 채널 확보, 실패 사례 공유와 학습 문화 구축

나만의 기준이나 관점을 설정해 질문하자

핵심 성공요인까지 도출했다면, 다음과 같이 우리 회사에 맞는 조직문화 혁신 방안을 찾아보는 게 필요하다. 조직문화 혁신 방안을 리더십, 커뮤니케이션, 업무 프로세스 등 ● **자신만의 기준이나 관점을 설정해서 물어보면 더 좋은 결과를 얻을 수 있다.**

> 조직문화 혁신의 핵심 성공요인을 기반으로 우리 회사에 맞는 조직문화 혁신 방안을 알려줘.
> — 우리 회사는 최근 몇 년간 급성장한 IT 회사야. 하지만 근래에 대규모 신입 채용으로 세대 간 갈등이 심화되고 조직 내 업무의 생산성이 하락하면서 매출성장률도 하락 중이야.

 챗GPT 답변

조직문화 혁신 방안

1. 명확한 비전과 방향성 설정: "세대 융합을 통한 성장"

- **현재 문제**
  - 신입 직원과 기존 직원 간 업무 방식과 가치관 차이로 인한 갈등
  - 기업이 빠르게 성장하면서 조직의 방향성이 명확하게 공유되지 않음
- **해결책**
  - "세대 융합을 통한 지속가능한 성장"을 조직문화 혁신의 목표로 설정
  - **조직의 핵심 가치** Core Value **재정립** 후 전 직원과 공유
  - **신입 및 기존 직원 간 역할 조정 및 명확한 업무 프로세스 설계**
  - 신규 채용을 조직의 혁신적인 성장 기회로 삼고, 이를 조직문화에 반영

- **기대 효과**
  - 조직의 목표와 가치관이 정렬됨으로써 세대 간 협업 증진
  - 일관된 방향성을 갖고 업무를 수행하게 되어 생산성 향상

2. 개방적이고 투명한 소통 문화 구축

- **현재 문제**
  - 서로 다른 세대 간 업무 스타일 및 기대 차이로 인해 오해와 불신 발생
  - 조직 내 소통 부족으로 인해 협업 효율성이 저하

최종 정리: 조직문화 혁신을 위한 핵심 전략

핵심 성공요인	맞춤 조직문화 혁신 방안	기대 효과
명확한 비전과 방향성 설정	'세대 융합을 통한 성장'을 조직문화 목표로 설정	세대 간 협업 증진, 생산성 향상
개방적이고 투명한 소통 문화	브리지 미팅 도입, 피드백 문화 정착, 실시간 커뮤니케이션 툴 활용	협업 개선, 불필요한 갈등 감소
자율성과 책임을 강조하는 환경	성과 중심 업무 체계 구축, Co-Working 모델 도입	자율성 증대, 업무 몰입도 향상
공정한 평가 및 보상 체계 개선	성과 중심 평가제 도입, 동료 피드백 반영	평가 공정성 확보, 동기부여 강화
유연한 근무 환경 및 업무 방식 개선	하이브리드 근무 도입, 애자일 조직 운영, 업무 혁신 툴 도입	업무 효율성 증대, 매출 성장 회복

결론

귀사의 상황(급성장 IT 기업 + 대규모 신입 채용 → 세대 간 갈등 + 생산성 저하)에

맞춘 조직문화 혁신 방안은

   1. 세대 융합을 목표로 한 조직문화 정비

   2. 개방적 소통과 협업 촉진

   3. 자율성과 책임을 조화롭게 부여하는 업무 방식

   4. 공정한 평가 및 보상 시스템 구축

   5. 유연한 근무 환경 제공

을 핵심 전략으로 추진하면, **조직 내 갈등을 해소하면서 생산성과 매출 성장률을 회복하는 효과**를 기대할 수 있습니다.

이제 실행만 남았습니다! 🚀

클로드는 다음과 같이 좌측에는 핵심 내용을 제시하고, 우측에는 세부 내용을 제시해준다. 무료 버전임을 감안했을 때, 답변의 질

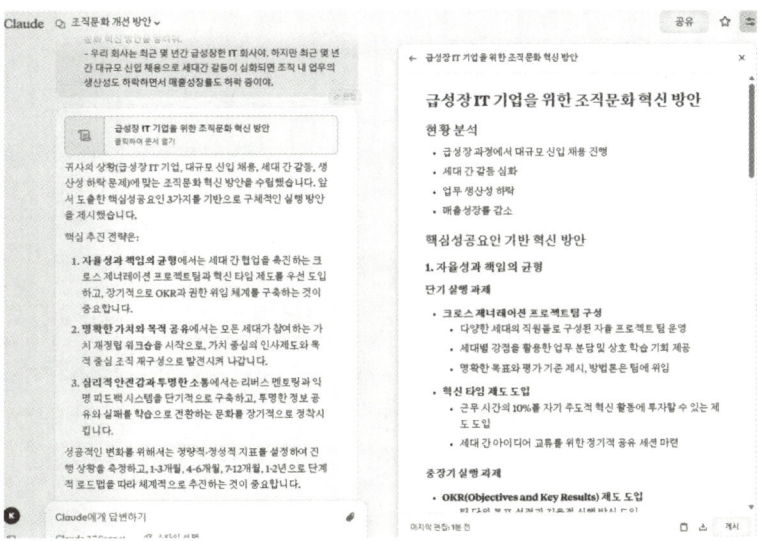

[그림 1] 클로드 답변 화면

이 상대적으로 높다고 볼 수 있다.

좌측과 우측창의 답변 내용은 다음과 같다.

 클로드 좌측 화면 답변

핵심 추진 전략은

1. **자율성과 책임의 균형**에서는 세대 간 협업을 촉진하는 크로스 제너레이션 프로젝트팀과 혁신 타임 제도를 우선 도입하고, 장기적으로 OKR과 권한 위임 체계를 구축하는 것이 중요합니다.
2. **명확한 가치와 목적 공유**에서는 모든 세대가 참여하는 가치 재정립 워크숍을 시작으로, 가치 중심의 인사제도와 목적 중심 조직 재구성으로 발전시켜 나갑니다.
3. **심리적 안전감과 투명한 소통**에서는 리버스 멘토링과 익명 피드백 시스템을 단기적으로 구축하고, 투명한 정보 공유와 실패를 학습으로 전환하는 문화를 장기적으로 정착시킵니다.

성공적인 변화를 위해서는 정량적·정성적 지표를 설정하여 진행 상황을 측정하고, 1~3개월, 4~6개월, 7~12개월, 1~2년으로 단계적 로드맵을 따라 체계적으로 추진하는 것이 중요합니다.

특히 세대 간 갈등 해소를 위해서는 세대별 강점을 상호 인정하고 활용하는 접근 방식이 효과적일 것입니다. 이 혁신 방안은 각 세대의 가치관과 업무 방식 차이를 존중하면서도 공통의 목표를 향해 함께 나아갈 수 있는 기반을 마련할 것입니다.

> 🔆 클로드 우측 화면 답변

급성장 IT 기업을 위한 조직문화 혁신 방안

현황 분석
- 급성장 과정에서 대규모 신입 채용 진행
- 세대 간 갈등 심화
- 업무 생산성 하락
- 매출성장률 감소

핵심 성공요인 기반 혁신 방안

1. 자율성과 책임의 균형

- 단기 실행 과제
  - **크로스 제너레이션 프로젝트팀 구성**
    - 다양한 세대의 직원들로 구성된 자율 프로젝트 팀 운영
    - 세대별 강점을 활용한 업무 분담 및 상호 학습 기회 제공
    - 명확한 목표와 평가 기준 제시, 방법론은 팀에 위임
  - **혁신 타임 제도 도입**
    - 근무 시간의 10%를 자기 주도적 혁신 활동에 투자할 수 있는 제도 도입
    - 세대 간 아이디어 교류를 위한 정기적 공유 세션 마련
- 중장기 실행 과제
  - **OKR**Objectives and Key Results **제도 도입**
    - 팀 단위 목표 설정과 자율적 실행 방식 도입
    - 성과 기반 평가로 업무 방식의 세대 차이 극복
  - **권한 위임 체계 재설계**

- 직급이 아닌 전문성과 역량 중심의 의사결정 구조 확립
- 세대 간 수평적 협업을 촉진하는 의사결정 프로세스 구축

2. 명확한 가치와 목적 공유

- 단기 실행 과제

– 통합 가치 재정립 워크숍

- 전 세대 대표가 참여하는 핵심 가치 재정립 워크숍 진행
- 회사의 미션과 비전을 모든 세대가 공감할 수 있는 언어로 재해석

– 가치 기반 스토리텔링

- 회사의 역사와 성공 스토리를 다양한 세대가 이해할 수 있는 방식으로 공유
- 세대별 롤모델 발굴 및 스토리 확산
- 중장기 실행 과제

– 가치 중심 인사제도 연계

- 채용, 평가, 보상, 승진 등 인사제도를 핵심 가치와 일관되게 설계
- 세대 중립적 평가 기준과 성과 측정 지표 개발

STEP 4
정보를 "교차 검증"해줘

#챗GPT #퍼플렉시티 #젠스파크

당신은 지금

글로벌 전기차 시장 규모와 전망을 알아보려고 한다. 하지만 구글 검색을 해보면, 언론사별로 다양한 시장 전망치를 인용하고 있고, 글로벌 시장조사 기관은 세부 데이터가 없다. 2030년까지 시장 규모가 어느 정도인지는 제시하고 있지만, 국가별 세부 데이터나 내가 원하는 시점을 기준으로 한 연평균성장률은 구하기 어렵다.

시장정보 수집, 생성형 AI로 교차 검증하라

시장정보는 데이터의 신뢰성이 핵심이다. 그렇기 때문에 가능한 다양한 생성형 AI를 활용해 데이터를 교차 검증할 필요가 있다. 챗GPT, 퍼플렉시티, 젠스파크 등을 이용하면 기본적으로 찾고자 하는 데이터의 소스를 파악할 수 있다. 최근에는 대부분의 생성형 AI에 웹 검색 기능이 있어 언론보도 자료, 주요 기관 사이트 등의 출처가 제시되기 때문에 구글에서 시장정보를 찾을 필요는 없다. 다만, 생성형 AI는 PDF 자료를 많이 제시하지 않기 때문에 이런 경우에는 구글 검색을 병행해야 한다.

다음은 가장 기본적인 시장정보인 시장규모 추이와 전망에 대한 프롬프트다. 이 프롬프트 후, 시장규모 전망에 대한 전제 조건(가정)을 확인해 데이터의 검증을 강화할 수도 있다.

> 2030년 글로벌 전기차 시장 규모에 대해 알려줘.
> — 데이터 시작년도: 2020년, 종료년도: 2030년

 챗GPT 답변

전 세계 전기차 시장은 2020년부터 2030년까지 지속적인 성장이 예상됩니다. 딜로이트의 전망에 따르면, 2020년 전기차 판매량은 약 250만 대였으며, 2025년에는 1,120만 대, 2030년에는 3,110만 대로 증가할 것으로 보입니다. 이는 2030년 신차 판매량의 약 32%를 차지하는 수치입니

다.GS칼텍스 미디어허브+2Deloitte United States+2Deloitte United States+2

또한 국제에너지기구IEA는 2023년 전기차 판매량이 전년 대비 35% 증가한 약 1,400만 대에 달했으며, 전 세계 전기차 보유 대수는 약 4,000만 대에 이르렀다고 보고했습니다. IEA는 주요 지역의 전기차 판매 비중이 확대되어 2030년에는 40~60%, 2035년에는 50~90%에 이를 것으로 전망하고 있습니다.한국전력기술

한편 BCG는 필수 금속 자재가 안정적으로 공급된다면, 2030년까지 전 세계 배터리 전기차 판매가 현재보다 4배가량 성장할 것으로 예상하고 있습니다.보스턴컨설팅그룹BCG 공식 블로그

이러한 전망을 종합하면, 2030년까지 전 세계 전기차 시장은 연평균 약 29%의 성장률을 보이며, 판매량은 3,000만 대를 상회할 것으로 예상됩니다. 이는 전기차가 글로벌 자동차 시장에서 중요한 위치를 차지하게 될 것을 의미합니다.

챗GPT는 보스턴컨설팅, 딜로이트컨설팅, 매일경제, 한국전력기술, SK이노베이션 뉴스룸, KAMA 등 16개의 출처를 분석해 답변을 해줬다. 챗GPT는 여러 기관이 제시한 전망치를 제시한 후, 개략적인 추정치를 제시했다.

퍼플렉시티 답변

- 2030년 글로벌 전기차 시장은 상당한 성장이 예상됩니다.

- 시장 규모: 2030년까지 약 6,937억 달러 규모로 성장할 것으로 전망됩니다.
- 연평균 성장률: 2030년까지 17.3%의 연평균 성장률을 기록할 것으로 예상됩니다.
• 전기차 보급 대수
- 2020년: 약 1,100만 대
- 2025년: 7,600만 대.
- 2030년: 2억 2,600만 대로 증가 예상.
• 전기차 판매량:
- 2020년: 약 250만 대
- 2025년: 2,160만 대
- 2030년: 4,070만 대로 증가 전망
• 시장 점유율: 2030년까지 신차 판매량의 약 32%를 전기차가 차지할 것으로 예상됩니다.
• 지역별 시장 점유율 전망(2030년):
- 중국: 49%
- 유럽: 27%
- 미국: 14%

이러한 성장은 각국의 전기차 보급 정책, 배터리 기술 발전, 그리고 '넷제로' 시나리오 실현 가능성 등에 따라 영향을 받을 것으로 보입니다.

퍼플렉시티는 보스턴컨설팅, 딜로이트컨설팅, 에너지경제연구원, 연합뉴스 등 18개 출처에 바탕하여 수치 중심으로 핵심만 제시했다. 특히 국가별 시장점유율 비중을 제시했다는 점이 챗GPT와의 차별점이다. 출처는 챗GPT와 조금 차이가 있지만 대부분 같았다. 퍼플렉시티의 관련 질문은 실무적인 측면에서 의미 있는 문제를 제시했다. 추가 질문은 모든 생성형 AI가 다 제시해준다.

> **퍼플렉시티의 관련 질문**
> 2030년 전기차 시장 성장의 주요 요인은 무엇일까
> 각국별 전기차 판매 추세는 어떻게 변할까
> 넷제로 시나리오가 전기차 시장에 미치는 영향은 무엇일까
> 전기차 배터리 기술의 발전이 시장에 미치는 영향은 무엇일까
> 전기차 시장 성장에 가장 큰 영향을 미칠 정책은 무엇일까

 젠스파크(AI 채팅 웹 검색) 답변

2030년 글로벌 전기차 시장 규모 전망

전기차 시장은 2020년부터 2030년까지 크게 성장할 것으로 예상됩니다. 아래는 주요 전망 데이터입니다.

- **시장 규모**
  - 2022년 글로벌 전기차 시장 규모는 약 1,935억 5,000만 달러에 달했습니다.
  - 2030년에는 이 시장 규모가 6,937억 달러를 넘어설 것으로 보입니다.
  - 다른 보고서에 따르면, 2030년 글로벌 전기차 시장 규모는 약 2조 7,000억 달러(약 3,508조 원)로 예상됩니다. 이는 연평균 성장률^{CAGR}

21.6%를 적용한 수치입니다.

- **전기차 판매량**
  - 예측에 따르면, 2030년에는 전 세계 승용차 판매량의 50%가 전기차가 차지할 것으로 전망됩니다. 이는 2040년에는 약 7억 2,200만대의 전기차가 도로에서 운행될 것이라는 뜻입니다.
  - IEA(국제에너지기구)는 2030년까지 전 세계 전기차 대수가 2억 2,600만대로 증가할 것으로 예상하고 있습니다.
- **지역별 성장**
  - 전기차 시장은 중국, 유럽, 미국을 포함한 주요 시장에서 사상 최대의 성장세를 보일 것으로 예상됩니다. 특히, 중국의 경우 전기차 판매가 2030년까지 2025년 대비 50.5% 증가할 것으로 보입니다.

이러한 데이터는 전기차에 대한 수요의 증가와 지속적인 기술 발전에 기인하고 있으며, 정부의 정책과 인센티브로 인해 시장이 더욱 촉진될 것입니다. 전기차의 중요한 부품 중 하나인 배터리 시장 역시 큰 성장을 할 것으로 보입니다.

* 젠스파크 답변에서 마인드맵은 생략함

젠스파크는 27개의 출처를 바탕으로 시장규모, 전기차 판매량, 지역별 성장 등 관련 정보를 한 번에 제시했다. 무료 버전임을 고려한다면, 답변의 폭이나 깊이 모두 만족스러웠다. 출처는 연합뉴스, 에너지경제연구원 등 챗GPT와 퍼플렉시티와 유사했지만, 딜로이트컨설팅(PDF 파일) 같은 전문 출처는 조금 미흡한 점이 있었다. 관련 질문도 실무적인 측면에서 유용하다.

> **젠스파크의 관련 질문**
> 2020년부터 2030년까지 연도별 글로벌 전기차 시장 성장률은 어떻게 변화했나요?
> 2030년 글로벌 전기차 시장에 가장 큰 영향을 미치는 주요 요인은 무엇인가요?
> 2030년 글로벌 전기차 시장의 성장 전망이 각 대륙, 특히 아시아, 유럽 및 북미 지역에 미치는 영향은 무엇인가요?

앞서 이야기했듯이 젠스파크에는 웹 검색으로 얻은 답변 아래 마인드맵과 함께 챗GPT, 클로드, 제미나이, 딥시크 등 다른 생성형 AI를 활용해 추가적인 답변을 받아볼 수 있는 'Mixture of Agents' 기능이 있다. 젠스파크의 AI 채팅에서 'Mixture of Agents'를 선택해서 질문해도 동일한 답변을 얻을 수 있다.

젠스파크의 'Mixture of Agents'를 클릭하면 앞서 제시된 답변보다 전문적인 내용을 볼 수 있다. 보통 글의 구조는 서론, 본론, 결론으로 나뉜다.

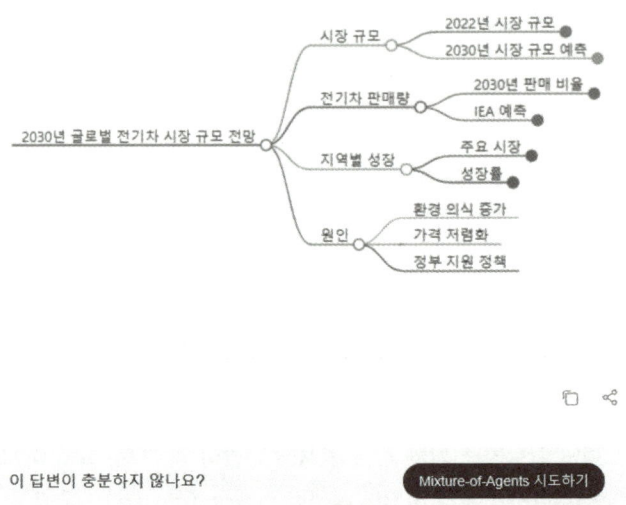

[그림 1] 젠스파크 AI 채팅의 'Mixture of Agents' 시도하기

2030년 글로벌 전기차 시장 규모 전망(2020-2030)

서론

전기차(Electric Vehicle, EV) 시장은 기후변화 대응과 친환경 모빌리티로의 전환이라는 글로벌 트렌드 속에서 급속도로 성장하고 있습니다. 본 분석에서는 2020년부터 2030년까지의 글로벌 전기차 시장 규모와 성장 추세, 그리고 주요 영향 요인에 대해 살펴보겠습니다. 2023년 11월까지의 데이터와 시장 분석을 바탕으로 2030년 전기차 시장의 예상 규모를 다양한 측면에서 제시하겠습니다.

1. 2020~2023년 전기차 시장 현황 및 성장 추세

2020년 글로벌 전기차 시장은 코로나19 팬데믹의 영향에도 불구하고 강한 성장세를 보였습니다. 이 시기에 전 세계적으로 약 300만 대의 전기차가 판매되었으며, 이는 전체 자동차 판매의 약 4.2%를 차지했습니다. 2020년부터 2023년까지 전기차 시장은 연평균 20% 이상의 성장률을 기록하며 급속도로 확대되었습니다.

2. 2030년 글로벌 전기차 시장 전망

다양한 시장 조사 기관과 산업 전문가들의 분석을 종합한 결과, 2030년 글로벌 전기차 시장은 다음과 같은 규모에 도달할 것으로 전망됩니다:

- **McKinsey & Company:** 2030년까지 전기차 시장 규모가 수조 달러에 이르며, 전체 자동차 판매의 약 1/3을 차지할 것으로 예측

3. 시장 성장의 주요 동인

2030년까지 전기차 시장의 지속적인 성장을 이끌 주요 요인들은 다음과 같습니다.

- **내연기관차 판매 금지 정책:** 유럽, 영국, 캘리포니아 등 여러 지역에서 2030~2035년 사이 내연기관차 신규 판매 금지 정책 시행 예정

- **차량 주행거리 증가:** 평균 500~600km 이상으로 주행거리가 확대되어 소비자들의 '주행거리 불안' 완화

젠스파크의 답변 화면을 계속 내리면 다음과 같이 스파크페이지Sparkpage가 나온다. 스파크페이지는 다양한 출처를 기반으로 가공된 내용의 페이지이며, 내가 추가로 필요한 내용을 물어볼 수 있다. 해당 페이지는 일반적인 답변과 달리 다양한 출처의 이미지와 동영상 등이 제시되어 있다.

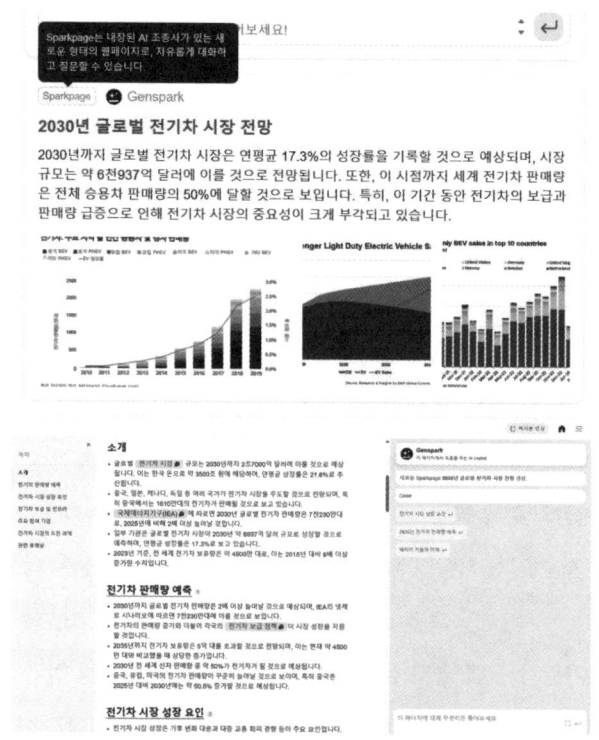

[그림 2] 젠스파크의 스파크페이지(위)와 세부 구성(아래)

젠스파크는 스파크페이지의 특징을 3가지로 이야기한다. AI 기반 콘텐츠 선별, 지속적인 신뢰성 검증, 편향 없는 콘텐츠. 해당 페이지 내용과 관련해 궁금한 사항을 AI 채팅창에 작성하면 챗봇처럼 답변을 해준다.

 젠스파크 답변

젠스파크 스파크페이지의 특징

AI 기반 콘텐츠 선별:

Sparkpage는 AI를 활용해 신뢰할 수 있는 다양한 출처로부터 정보를 수집하고 선별합니다. 이 자동화된 과정을 통해 정보의 깊이와 폭이 확장되며, 보다 포괄적인 콘텐츠 제공이 가능해집니다.

지속적인 신뢰성 검증:

AI 시스템은 고도화된 검증 기법을 적용해 콘텐츠의 신뢰성을 유지합니다. 신뢰할 수 있는 데이터베이스와 권위 있는 출처를 지속적으로 교차 확인하며, 정보를 정기적으로 업데이트합니다.

편향 없는 콘텐츠:

Sparkpage는 상업적 영향이나 편집자의 주관이 개입되지 않은 객관적이고 사실 기반의 정보를 제공하는 데 집중하고 있습니다. 이를 통해 사용자들은 편향 없는 명확한 정보를 접할 수 있습니다.

자료: https://mainfunc.ai/blog/sparkpage_intro

STEP 5
자료를 "구조화"해서 요약해줘

#챗GPT #클로드

당신은 지금

조직진단 결과, 리더십 이슈가 나왔다. 리더가 조직구성원의 동기부여를 해야 하는데 그렇지 못한 상황이다. 국내외 기업의 다양한 사례나 리더십 관련 자료를 찾았지만, 생각보다 봐야 할 내용이 너무 많다. 리더십 이론부터 국내외 기업의 최근 사례까지, 이럴 때 누군가가 자료별 핵심 내용을 정리해주면 좋겠다는 생각이 든다. 관련 보고서의 정리 자체도 일이다. 한두 개만 보고 보고서를 작성하면 상사로부터 지적받는 일이 많다.

생성형 AI, 자료 가공과 분석의 실력자

생성형 AI는 창작 영역에서는 할루시네이션 이슈도 있고 생각보다 창의적이지 않다. 특히 실무적인 측면에서의 활용은 아직 미덥지 못하다. 하지만 생성형 AI는 기존 자료를 가공하고 분석하는 데는 최고의 실력을 가지고 있다. 과제나 과업에 대한 이해도가 조금 부족해도 생성형 AI를 통해 기본 역량 수준의 산출물을 받아볼 수 있다. 챗GPT, 퍼플렉시티 등 일반 생성형 AI나 릴스AI_{LilysAI} 같은 요약 전문 AI를 활용하면 자료 분석 시간을 많이 단축할 수 있다.

질문 방법은 간단하다. 요약하고자 하는 파일을 첨부한 후 **다음 보고서를 요약해줘**라고 하면 된다.

이 질문에 대한 답변과 조금 다른 결과물을 얻고 싶다면, "다음 보고서를 구조화해서 요약해줘", "다음 보고서의 핵심 관점을 파악해서 요약해줘"라고 해도 된다. 그러면 결과물이 큰 틀에서는 차이가 나지 않지만, 세부 내용에서 다른 형태의 결과물을 받아볼 수 있다.

 챗GPT 답변

보고서 「구성원 자발성을 깨우는 리더십」(LG경제연구원, 2021.10.14)은 기존 위계적 리더십의 한계를 지적하고, 불확실성과 복잡성이 높은 경영 환경에서 **구성원의 자발적 참여와 동기부여를 유도하는 리더십의 핵심 요건**을 제시하고 있습니다. 요약은 다음과 같습니다.

■ 배경과 문제의식
- 기존의 **일방적·지시적 리더십은 한계**에 도달함.
- 복잡한 경영 환경 속에서 **리더가 혼자 모든 의사결정을 하기엔 비효율적**.
- 구성원은 단순한 지시 수령자가 아니라, **자신의 역량을 발휘하고 성장하고 싶은 욕구**를 가짐.

■ 구성원 자발성을 이끄는 리더십 4대 요건

1. **Self-Awareness(자기성찰)**
   - 리더는 **조직의 현재와 미래, 존재 목적**을 명확히 성찰하고 정의해야 함.

~~~~~~~~~~

   - 예시: 토요타 CEO 토요다 아키오의 대본 없는 소통

4. **Balanced Processing(합리적 판단)**
   - 구성원의 다양한 의견을 **형식적으로 듣지 말고, 진심으로 수용**하고 반영해야 함.
   - 이는 구성원의 몰입과 창의성을 유도함.
   - 예시: 베스트바이의 위베르 졸리, 'Renew Blue' 플랜

■ 리더에게 주는 실천적 제언
- "나는 함께 일하고 싶은 리더인가?" 자문하며 자기반성과 변화 시작.
- 구성원을 **동등한 파트너로 인식**하고 존중하는 자세 필요.
- 소통은 **양방향, 소규모, 반복적**으로 진행해야 공감과 신뢰 형성 가능.
- 리더는 **직접 성과를 내는 사람이 아니라, 성과를 이끌어내는 환경을 만드는 사람**임을 인식해야 함.

■ 핵심 메시지 요약

"리더의 영향력은 권위에서 나오지 않는다. 진정성과 실천, 공감과 존중에서 나온다."

자발성을 깨우는 리더십은 위계적 통제에서 벗어나, '사람을 진심으로 대하는 리더'가 되는 것에서 시작된다.

〈구성원 자발성을 깨우는 리더십〉이라는 보고서 요약 요청에 대한 챗GPT의 답변은 서론(배경과 문제의식), 본론(구성원 자발성을 이끄는 리더십 4대 요건), 결론(리더에게 주는 실천적 제언), 핵심 메시지 요약 형태로 구성된다. 다른 생성형 AI도 서론, 본론, 결론의 구조를 취해 답변을 해준다. 요약정리에서는 무료 버전임을 감안하면 클로드가 퍼플렉시티, 제미나이보다 나은 결과를 보여줬다.

클로드 답변

이 보고서는 "구성원 자발성을 깨우는 리더십"에 관한 내용으로, 불확실성과 복잡성이 높은 현대 비즈니스 환경에서 구성원들의 자발적 참여를 이끌어내는 리더십의 중요성을 다루고 있습니다. 주요 내용은 다음과 같습니다:

■ 배경
- 위계적 구조 하에서 일방적이고 지시적인 형태의 리더십 효과가 점점 약화되고 있음
- 불확실성과 복잡성이 커진 비즈니스 환경에서는 리더 혼자 모든 의사결

정을 하기 어려움
- 구성원들은 단순히 시키는 일을 하기보다 가치 있는 목표에 스스로 동참하고 성장하기를 원함

■ **구성원 자발성을 이끌어내는 4가지 리더십 요건**

1. 조직의 현재와 미래에 대해 성찰하기 Self-Awareness
- 조직의 현재 모습을 객관적으로 파악하고 목적, 철학, 가치, 방향성 등을 정립

4. 다양성을 합리적으로 수용하기 Balanced Processing
- 구성원들의 다양한 의견을 경청하고 의사결정에 반영
- 베스트바이 위베르 졸리 전 CEO 사례: 턴어라운드 플랜을 구성원들과 함께 만들어 성공

■ **실천 방안**
1. "나는 구성원들이 함께 일하고 싶어 하는 리더인가?"라는 자문을 통해 스스로를 되돌아보기
2. 구성원에 대한 인식 변화: 가르쳐야 할 대상이 아닌 동등한 파트너로 존중
3. 양방향적이고 지속적인 소통: 소규모 그룹 대상의 논의와 질의응답을 통한 효과적인 소통 방식 채택

달인의 킥
요약 전문 AI "릴스AI"로 요약하기

일반적인 생성형 AI와 달리 요약을 전문으로 하는 요약 AI도 있다. 바로 릴스AI다. 릴스AI는 PDF 파일뿐만 아니라 유튜브, 블로그, 뉴스 등도 요약해준다. 여기서는 PDF 문서 요약에 대해 살펴본다. 릴스AI의 메인 화면에서 요약하고자 하는 파일을 업로드한 후, '요약하기'를 클릭하면 해당 문서를 요약할 수 있다.

[그림 1] 릴스AI 메인 화면

'요약하기'를 누르면 릴스AI 창에는 '타임라인 요약, 핵심 요약, 마인드맵, 대화노트' 등의 메뉴가 나타나고 기본적으로 타임라인 요약을 보여준다. 타임라인 요약은 말 그대로 해당 파일을 페이지 순서대로 요약하여 결과를 보여준다. 그림에서 볼 수 있듯이 개요, 핵심용어, 페이지별 핵심 내용 중심으로 정리해준다. 예를 들어 각 페이지별로 '리더십의 언행일치와 소통의 중요성(p.3~4)', '리더십과 구성원 자발성(p.4~6)' 등 핵심 내용을 요약한다.

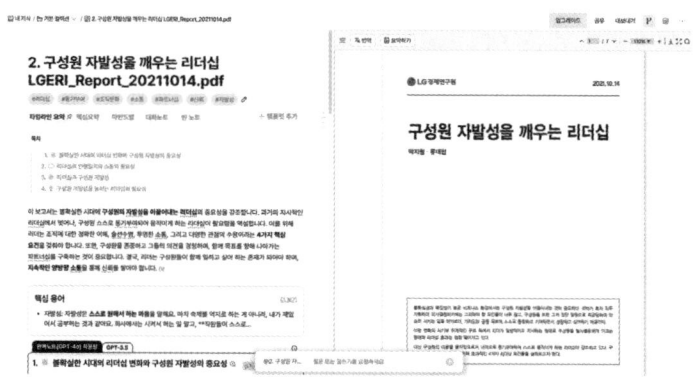

[그림 2] 타임라인 요약

구성원 자발성을 깨우는 리더십에 대한 이 보고서는 **불확실성과 복잡성이 증가하는 비즈니스 환경**에서 리더가 구성원들의 자발성을 이끌어내는 것이 얼마나 중요한지를 강조하고 있습니다. 기존의 위계적인 리더십 방식은 더 이상 효과적이지 않으며, 대신 **구성원과의 투명한 소통**과 **신뢰 구축**을 통해 자발성을 유도하는 새로운 리더십 접근이 필요하다는 메시지를 전달합니다. 이 보고서는 자발성을 이끌어내기 위한 네 가지 핵심 요건을 제시하며, 리더가 스스로를 돌아보고 구성원들을 존중하는 태도를 가져야 함을 강조합니다. [1]

1. 리더십의 중요성 ⊙
- 불확실하고 복잡한 비즈니스 환경에서 **구성원 자발성을 이끌어내는 것이 중요**하다. [1]
- 리더가 일방적으로 지시하는 리더십의 효과는 감소하고 있으며, **구성원의 마음을 움직여 스스로 동기부여**하는 리더십이 강조되고 있다. [2]

2. 리더십 요건 ⊙
- 구성원 자발성을 이끌어내기 위한 **4가지 리더십 요건**이 있다:
  - 조직에 대한 정확한 이해 (Self-Awareness) [11]
  - 바람직한 행동 실천 (Self-Regulation) [12]
  - 투명하고 솔직한 소통 (Relational Transparency) [13]
  - 다양한 관점 수용 (Balanced Processing) [14]

[그림 3] 핵심 요약

핵심 요약은 일반 생성형 AI와 같이 보고서 내용을 구조화해서 보여준다. 릴스AI는 동일한 보고서에 대해 1. 리더십의 중요성, 2. 리더십 요건, 3. 조직의 성찰, 4. 언행일치, 5. 투명한 소통, 6. 다양성 수용, 7. 자발성 이끌어내기라는 목차를 구성해서 요약했다. 앞선 생성형 AI 보다 핵심 사항 중심으로 간단하게 요약한다.

요약 내용이 너무 간단하다고 해서 실망할 필요는 없다. 세부 사항은 요약 페이지 내에 있는 채팅창에 물어보면 된다. 예를 들어 "4가지 리더십 요건에 대해 구체적으로 설명해줘"라고 요청하면 다른 생성형 AI와 같은 세부적인 결과물을 얻을 수 있다.

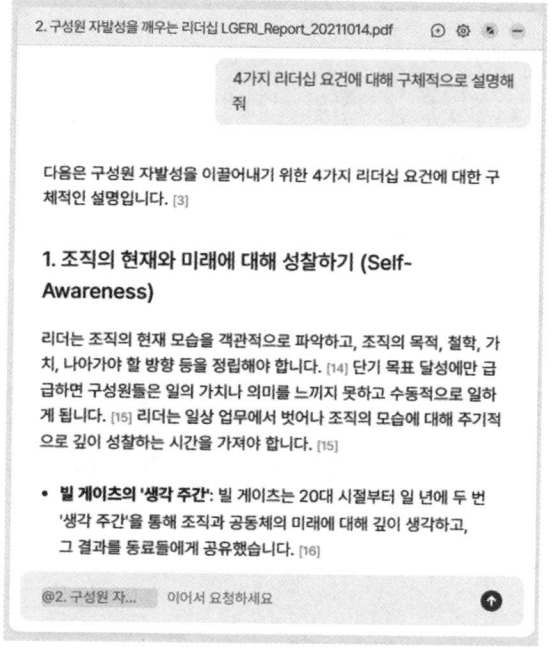

[그림 4] 채팅창

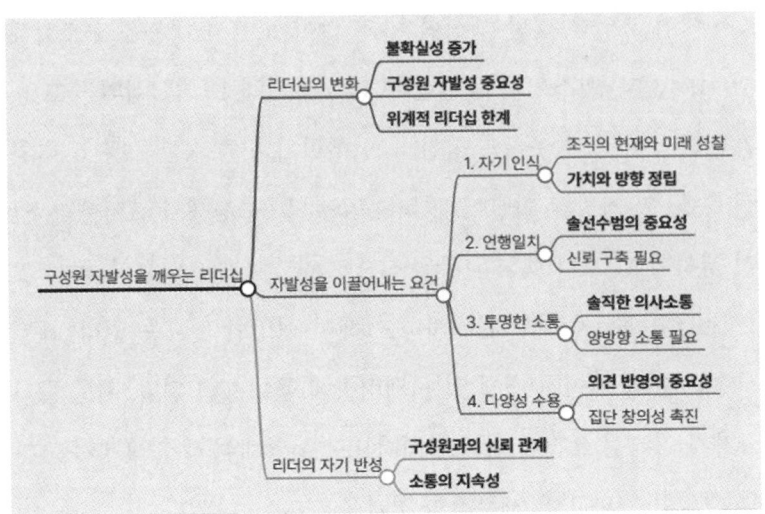

[그림 5] 마인드맵

마인드맵 기능은 보고서의 전체적인 뼈대를 보여준다. 리더십의 변화라고 한다면, 불확실성 증가, 구성원 자발성 중요성, 위계적 리더십 한계 등으로 맵이 확장되는 모습을 볼 수 있다. 이 보고서의 전체 구조를 한눈에 파악할 수 있다는 점이 일반 생성형 AI와 차별화된 기능이라고 할 수 있다.

마지막으로 대화노트는 해당 보고서의 주제를 가지고 방송에서 앵커가 전문가들과 대화하는 모습을 보여준다. 내부 토론을 할 때 참고하면 좋다.

> **대화노트**
>
> 안녕하세요! 오늘 저희는 LG경제연구원에서 발표한 보고서 「구성원 자발성을 깨우는 리더십」을 주제로 이야기를 나눠볼 텐데요. 오늘 대화를 통해 여러분은 다음 내용들을 얻어 가실 수 있습니다.
>
> 1. 변화하는 시대의 리더십: 과거의 리더십 방식이 왜 더 이상 효과적이지 않은지 알아봅니다.
> 2. 자발성을 이끄는 4가지 요건: 리더가 갖춰야 할 핵심적인 4가지 요건을 구체적인 사례와 함께 살펴봅니다.
> 3. 실천 방안: 구성원과의 관계를 개선하고, 자발성을 이끌어내기 위한 실질적인 방법들을 제시합니다.
>
> 오늘 이 자리에 두 분 전문가를 모셨습니다. 조직문화 컨설턴트 ○○○님, 리더십전문가 ○○○님, 어서 오세요! (박수)

릴스AI 외에도 간단하게 PDF 파일 분석을 해주는 생성형 AI로 샬리Sharly가 있다. 샬리는 PDF 파일을 업로드하면 해당 문서를 분석해 핵심 질문 3개를 제시해준다. 질문을 클릭하면 PDF 파일 내용을 분석해 답변을 한다. 물론 질문을 통해 PDF 파일 내용을 파악할 수도 있다. 이런 AI 서비스도 있다는 것 정도로 알아두자.

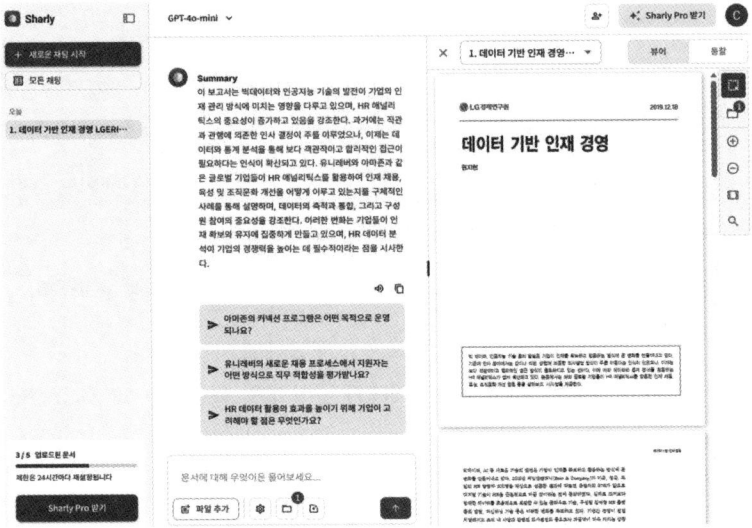

[그림 6] 샬리 PDF 파일 분석 결과

한 걸음 더
나만의 AI 챗봇 비서 만드는 법

생성형 AI를 활용하면 좋은 답변을 얻을 수 있다. 하지만 매번 동일한 조건이나 가이드를 제시해야 하는 번거로움도 있다. 답변에 대해 매번 피드백을 해야 할 수도 있기 때문이다. 이때 나만의 회의록 챗봇을 만들어 회사의 회의록 양식과 작성 방법을 알려주면, 매번 질문할 필요 없이 내가 만든 챗봇으로 우리 회사를 위한 회의록을 쉽게 작성할 수 있다.

챗GPT에는 이런 챗봇을 만들 수 있는 기능이 있다. 'GPT 만들기'는 특정 목적을 위한 맞춤형 챗GPTCustomize a version of ChatGPT for a specific purpose 제작을 목표로 한다.

챗봇을 만들기 위해서는 우선 챗GPT 메인 화면 좌측의 'GPT 탐색' 메뉴를 클릭한다. 그러면 챗GPT 애플리케이션 화면이 나오는데, 여기서 우측 상단의 '+ 만들기' 버튼을 클릭한다. '내 GPT'를 클릭해 들어가도 'GPT 만들기' 메뉴를 볼 수 있다.

GPT

지시 사항이나 지식 보강은 물론, 온갖 스킬을 다양하게 조합한 ChatGPT의 맞춤형 버전을 탐색하고 만들어 보세요.

[그림 1] 내 GPT 만들기 화면

챗GPT와 대화(한글로도 대화가 가능하다)를 통해서 만들고자 하는 챗봇의 역할과 답변 방식을 설정하는 방법이 있다. 챗GPT에서는 이 기능을 '만들기'로 정의한다. 하지만 이 기능은 챗봇의 작동방식을 구체적으로 설정하기에는 어려움이 따른다. 그래서 '만들기' 옆에 있는 '구성' 기능을 통해 챗봇의 기능을 세부적으로 설정해 만드는 게 편리하다.

[그림 2] GPT 만들기 탭 화면

GPT는 다음 그림처럼 이름, 설명, 지침, 대화 스타터, 지식, 기능, 작업 등의 항목으로 구성된다. 내가 만들고자 하는 챗봇을 생각해 각 항목에 내용을 입력한다. 위쪽에 있는 원 안의 '+'에는 가지고 있는 프로필 이미지를 업로드하면 된다. 달리DALL·E를 사용해 이미지를 만들 수도 있다.

[그림 3] GPT 구성 탭 화면

구분	작성 내용
이름	만들고자 하는 챗봇의 이름
설명	어떤 챗봇인지에 대한 간단한 설명
지침	챗봇이 답변을 어떤 식으로 해야 하는지를 알려주는 가장 중요한 항목 – 챗봇의 사용 목적, 답변 작성 방법이나 고려사항, 답변 예시 등
대화 스타터	챗봇의 첫 화면에 들어갈 질문 예시 – 챗봇 이용자가 가장 많이 할 것으로 예상되는 질문이 좋음
지식	챗봇이 답변할 때 활용할 수 있는 맞춤형 콘텐츠 파일 업로드 – 맞춤형 파일 기반으로 챗봇이 대답을 함
기능	웹 검색, 캔버스, 이미지 생성, 데이터 분석 등의 기능 선택
작업	외부 데이터 연동 기능

[표 1] 구성 항목별 작성 내용

여기서는 본격적으로 보고서를 작성하기 전에 활용할 수 있는 보고서 작성 코치 챗봇을 만들어본다. 다음과 같이 이름, 설명, 대화 스타터를 입력한다.

구분	작성 내용
이름	보고서 작성 코치
설명	기획 및 보고서 작성을 어려워하는 직장인들을 위한 개인 보고서 코치
대화 스타터	• 보고서 작성의 기본 원칙을 알고 싶어요 • 텍스트를 효과적으로 구조화할수 있는 방법을 알고 싶어요 • 보고서의 스토리라인 설정 방법을 알려주세요 • 보고서 내용을 효과적으로 전달하는 방법을 알려줘

[표 2] 주요 항목별 작성 내용

다음으로 가장 중요한 지침을 설정한다. 지침은 목적, 작성방법, 고려사항, 예시 등으로 구성된다. 고려사항과 예시는 구체적으로 작성해야 챗봇을 통해 원하는 답변을 얻을 수 있다. 이 4가지 항목 외에도 챗봇의 용도나 목적에 따라 주의사항, 작업 절차 등의 항목을 추가해서 지침을 정교화할 수 있다.

> **지침 주요 항목별 작성 내용**

1. 목적
- 기획 및 보고서 작성 전문가로서 직장인들이 기획서, 보고서 작성 시 알아야 할 기본 개념, 방법, 주요 활동, 비즈니스 툴을 알려주는 것임.

2. 답변 작성 방법
- [개념 설명] 사용자의 질문의 핵심 내용에 대한 개념 설명
- [활용 방법] 해당 개념을 적용한 구체적인 기획 및 보고서 작성 방법
- [주요 사례] 해당 개념을 기반으로 한 사례
- [추가 요청 사항] 해당 개념과 관련해 추가적으로 필요한 요청(질문) 사항 제시

3. 고려 사항
- 사용자의 질문에 첨부 파일 내용은 참고하고, 사례 항목에는 웹 검색(SNS 포함) 기반의 최신 자료를 활용해 우선 답변함
- 웹 검색 시, 관련 출처에 대해 명확하게 표기함
- 답변은 보고서 전문가로서의 어조를 유지하고 문장은 개조식으로 제

시함
  - 텍스트를 단순 나열하지 않고 구조화해 제시하며, 필요한 경우 표를 활용함
  - 답변은 구체적이고 실무적으로 바로 활용할 수 있도록 작성함

4. 예시
  - **[개념 설명]** VRIO 툴은 유타대학교의 제이 바니Jay Barney 교수가 제안했다. 내부역량 중에서도 차별화된 역량을 파악하기 위한 툴
  - **[활용 방법]** 역량이 가치가 있는지Valuable, 희소성이 있는지Rare, 모방 가능하지 않은지Difficult to Imitate, 조직화되어 있는지Supported by Organization를 평가
  - **[주요 사례]** 쿠팡은 IT 기반 운영 최적화라는 역량을 보유하고 있음. 재고·배송 최적화로 비용 절감과 서비스 향상이 가능해 가치가 있으며, AI 기반의 물류 자동화는 아직 초기 단계라 희소성이 존재함. 또한 데이터 기반 의사결정 체계 구축으로 조직화되어 있음. 데이터 기술, 실행력은 모방이 가능함. 이를 고려했을 때 지속적인 경쟁우위라고 판단할 수 있음
  - **[추가 요청 사항]** VRIO 외 내부역량을 진단할 수 있는 다른 비즈니스 툴을 알려드릴까요?, VRIO와 관련 구체적인 사례를 보고 싶으신가요? 등

'지식' 란에는 보고서 작성의 기본 원칙이나 방법과 관련된 지식 파일을 업로드한다. 여기서는 필자의 기획 관련 책인 《기획은 퍼즐이다》 원고를 업로드했다. 기능은 웹 검색, 캔버스만 체크했다.

이미지 생성이나 데이터 분석은 사용하지 않기 때문에 DALL·E 이미지 생성, 코드 인터프리터 및 데이터 분석은 체크하지 않았다.

이렇게 모든 항목의 작성이 완료되었으면, 내가 생각한 대로 답변이 나오는지 체크해야 한다. 우측의 '미리 보기' 화면에 질문하고 원하는 형태로 답변이 나오는지 확인한다. 다음은 대화 스타터 질문 중의 하나인 "보고서의 스토리라인 설정 방법을 알려주세요"에 대한 답변 결과다.

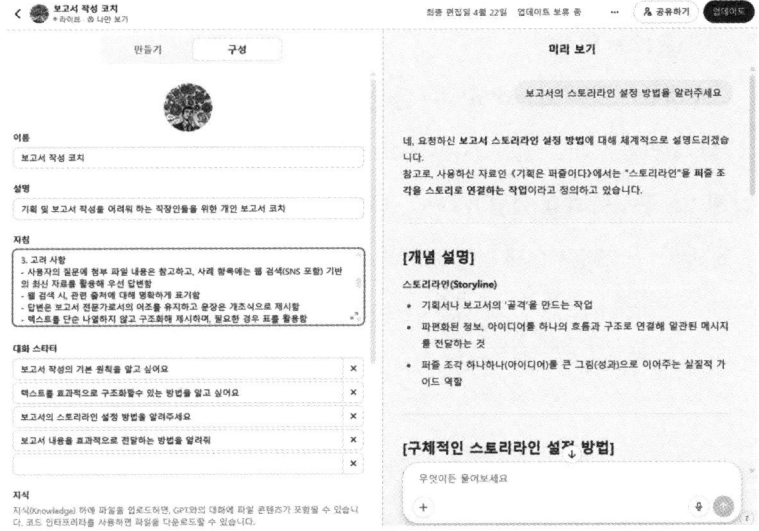

[그림 4] 미리 보기 작업 결과

전체 답변 내용을 좀 더 살펴보자. [사례: 최신 비즈니스 예시] 파트(✓)를 보면, "사용자의 질문에 첨부 파일 내용은 참고하고, 사례 항목에는 웹 검색(SNS 포함) 기반의 최신 자료를 활용해 우선 답변함", "웹 검색 시, 관련 출처에 대해 명확하게 표기함", "텍스트를 단순 나열하지 않고 구조화해 제시하며, 필요한 경우 표를 활용함"이라는 지침을 그대로 이행했다.

보고서 작성 코치 챗봇 답변

■ **구체적인 스토리라인 설정 방법**

1. 주제(콘셉트) 명확화

기획하고자 하는 최종 목표(성과)를 한 문장으로 정의

ex) "수익성 강화 방안을 제시한다" 또는 "시장 점유율 확대 전략을 수립한다"

2. SCQA 구조로 흐름 설정

S (Situation, 상황): 현재 어떤 배경과 조건이 있는가?

C (Complication, 문제): 왜 지금 이 주제가 중요한가? 어떤 문제가 있나?

■ **사례: 최신 비즈니스 예시** ✓

쿠팡의 로켓배송 확대 전략 스토리라인 구성(2024년 기준)

단계	내용
S	국내 이커머스 시장이 포화 상태에 있음
C	배송 서비스 차별화 없이는 시장 점유율 확대가 어려움
Q	어떻게 배송 속도와 품질을 높여 시장을 선점할 것인가?
A	로켓배송 전국 확대, AI 물류 최적화 시스템 구축

이 구조를 기반으로 보고서 주요 목차와 메시지를 설정해 실제 전략 보고서로 발전시킴.

출처: 쿠팡 IR 자료, 2024년 3월

■ **추가 요청 사항**

스토리라인을 설정한 후, **사례를 적용한 실제 기획서 목차 예시도** 함께 만들어 드릴까요?

이렇게 만들어진 챗봇은 내 GPT에서 확인할 수 있다. 이 챗봇은 나만 볼 수 있게 설정해서 GPT 탐색에서 검색되지는 않는다.

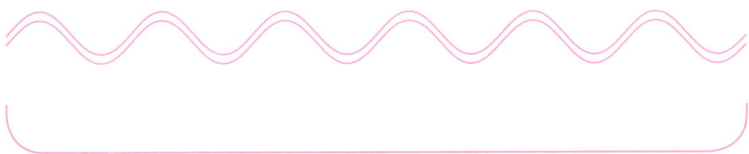

[그림 5] 보고서 작성 코치 대화창

동일한 질문을 챗GPT에 했을 때는 어떤 답변이 나올까? 한번 비교해보자. 챗봇의 답변과 구조 및 내용이 다르다는 것을 볼 수 있다. 이런 식으로 회의록, 보도자료, 전략보고서, 시장분석 보고서 등 나만의 챗봇을 만들 수 있다.

 챗GPT 답변

보고서 스토리라인 설정 방법

1. 스토리라인 설정의 목적
- 보고서는 단순 정보 나열이 아니라, "읽는 사람(CEO, 부서장, 클라이언트)이 자연스럽게 결론을 받아들이게 만드는 설득과 합의의 흐름"을 만드는 것이 목적입니다.
- 논리적 설득(로직)과 심리적 몰입(감정)을 동시에 고려해야 강력한 보고서가 됩니다.

2. 스토리라인 설계 5단계

단계	주요 질문	설명
문제 인식	"왜 이 주제를 다루는가?"	이슈Problem를 명확히 제기해 독자의 관심과 긴박감을 유발
분석 및 진단	"문제의 본질은 무엇인가?"	현황 분석, 원인 진단 → 객관적 데이터로 문제의 핵심을 설명
대안 제시	"어떤 해결 방안이 가능한가?"	다양한 옵션 제시 → 전략적 사고력을 보여줌
최선안 제안	"왜 이 방안을 선택해야 하는가?"	대안 간 비교 분석 후 최적 해법 선정, 명확한 기준 제시
실행 계획	"어떻게 실행할 것인가?"	구체적 액션 플랜과 예상 결과 → 실천 가능성 강조

→ 이 순서를 기본 골격으로 삼아야 **보고서가 자연스럽고 강력한 설득 구조를** 가집니다.

2장

생성형 AI로 1분 만에 끝내는 보고서 기획서 기획과 구성 7단계

STEP 1
"아이디어"를
알려줘

#챗GPT #퍼플렉시티

당신은 지금

세대갈등이 심화되는 문제를 해결하기 위해 팀장님이 조직문화 혁신 아이디어를 내보라고 한다. 조직문화팀에서 일하면서 숱한 아이디어를 제시했는데, 또 새로운 아이디어를 내려고 하니 쉽지 않다. 특히나 매년 조직문화 혁신을 외치고 있어 전사 조직문화 혁신 워크숍도 많이 진행했다. 하지만 타사의 좋은 사례만 나왔을 뿐 우리 회사에 적합한 아이디어는 나오지 않고 있는 상황이다.

아이디어가 막힐 때는 생성형 AI에게 묻자

생성형 AI는 새로운 아이디어를 찾는 데 좋은 도구이다. 때론 뻔한 아이디어가 나오기도 하지만 가끔 내가 생각지도 못한 아이디어를 제시해주기 때문이다. 국내외 다양한 사례를 분석해서 아이디어를 제시해줄 뿐만 아니라 아이디어를 구조화해서 알려주기도 하기 때문에 여러모로 도움이 된다. 다양한 생성형 AI에 몇 번만 질문하면 회의나 워크숍보다 나은 결과를 얻을 수 있다.

달인의 프롬프트

● **핵심 이슈(근본 원인) + 아이디어 주제**를 결합한 프롬프트로 간단하게 시작해보자.

> 세대갈등을 해소하기 위한 조직문화 혁신 아이디어를 알려줘.

조직의 특성(업종 혹은 사업, 연령/성별/직무별 인력 구성, 본사·지사의 조직 구성 등)과 같은 구체적인 내용을 추가해 질문하면 더 적합한 아이디어를 얻을 수 있다. 필요에 따라 아이디어를 구조화해서 알려달라고 하면 몇 가지 관점별로 정리된 아이디어도 얻을 수 있다.

조직 특성 추가

세대갈등을 해소하기 위한 조직문화 혁신 아이디어를 알려줘.

– 회사 업종: IT, 인력구성: 개발자 중심

아이디어 구조화(관점) 요청

세대갈등을 해소하기 위한 조직문화 혁신 아이디어를 구조화해서 알려줘.

– 리더십, 팀워크, 업무 프로세스, 인사제도 관점에서 정리

 챗GPT 답변

1. '세대 교차 멘토링' 프로그램
- **기성세대**는 경험과 조직 내 노하우를 공유하고,
- **MZ 세대**는 디지털 역량이나 최신 트렌드를 가르치는 식의 **쌍방향 멘토링**.
- 서로에게 배울 점이 있다는 인식을 통해 **존중과 소통**의 기회를 제공.

2. '세대 공감 회의' 또는 '세대라운드' 운영
- 정기적으로 세대 간 갈등이나 오해를 주제로 가벼운 **소통 회의** 개최.
- "이런 표현, 이런 관점이 불편했다" 등을 **서로 안전하게 말할 수 있는 자리**.
- HR이나 중립적인 퍼실리테이터가 진행하면 효과적.

3. 업무 방식 자율화 + 선택형 협업 룰
- 팀 내 업무 방식(예: 회의 방식, 피드백 방식 등)을 **팀원들이 스스로 정하도록 위임**.
- MZ 세대는 자율성을, 기성세대는 명확한 구조를 선호하므로, 각자에게 **최적화된 룰을 선택할 수 있게 설계**.

4. '공통의 미션' 기반 협업 프로젝트

- 세대 구분 없이 참여하게 하되, '매출 5% 증가', '브랜드 이미지 개선' 등 **공통 목표**로 팀 구성.

챗GPT는 조직문화 혁신 아이디어로 세대 교차 멘토링, 세대 공감 회의(세대라운드 운영), 업무 방식 자율화 + 선택형 협업 룰 등을 제시해줬다. 만약 각 아이디어의 구체적인 내용이 필요하다면, 해당 아이디어의 필요성, 아이디어 추진 방안, 기대효과와 관련된 내용을 추가로 질문하면 상세한 내용을 얻을 수 있다. 항상 아이디어 도출을 구체화하는 질문을 통해 아이디어를 정교화해야 한다.

> **상세 아이디어 프롬프트(정교화 질문)**
>
> 세대 교차 멘토링 프로그램(프로그램명)에 대해 필요성, 세부 추진 방안, 기대효과를 알려줘.

 챗GPT 답변

좋아, **'세대 교차 멘토링 프로그램'**에 대해 보고서에 바로 쓸 수 있게 아래와 같이 **필요성 → 세부 추진방안 → 기대효과** 순으로 정리해봤어.

세대 교차 멘토링 프로그램

1. 필요성

최근 조직 내 **MZ 세대와 기성세대 간의 가치관, 소통 방식, 업무 태도 차이**로 인한 갈등이 증가하고 있음.

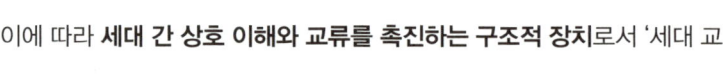

이에 따라 **세대 간 상호 이해와 교류를 촉진하는 구조적 장치**로서 '세대 교차 멘토링'이 필요함.

2. 세부 추진방안

(1) 멘토-멘티 구성 방식

- 기성세대 멘토 ↔ MZ 세대 멘티, 동시에 MZ 세대 멘토 ↔ 기성세대 멘티 형태로 **쌍방 멘토링 구성**.
- 동일 부서가 아닌 **타 부서 간 매칭**을 통해 객관성과 신선한 시각 확보.

(2) 주요 운영 내용

구분	내용
오리엔테이션	세대 차이에 대한 기본 이해 교육(소통 방식, 가치관 등)
정기 멘토링	월 1회 이상 1:1 또는 그룹 멘토링 진행 (온라인/오프라인 혼합 가능)
토픽 예시	업무 노하우 전수, 커뮤니케이션 스타일 이해, 워라밸 및 커리어 고민 나누기 등
기록 및 피드백	멘토링 저널 작성, 간단한 설문 및 피드백 수집
우수 사례 공유	프로그램 종료 후, 인사이트나 성장 사례를 전사에 공유

(3) 운영 주체 및 기간

- **HR팀 또는 조직문화팀**이 운영 총괄

- **6개월 단위 파일럿 운영후 성과 분석 → 전사 확대 여부 판단**

3. 기대효과
- 세대 간 인식 격차 해소
  - 직접적인 대화를 통해 서로의 **관점과 기대를 이해**하게 되며, 오해가 줄어듦.
- 조직 내 시너지 창출
  - 기성세대는 디지털 트렌드, MZ 세대는 업무 노하우와 전략적 사고 등 **상호 학습 효과**로 업무 효율성 상승.

아이디어를 정교화하는 질문을 한 결과, 보고서에 구체적으로 활용할 수 있는 아이디어가 되었다. 한 번 질문하고 나서 아이디어가 별로라고 생각하지 말고 다시 한번 추가 혹은 정교화 질문을 통해 아이디어를 상세화하면 초기 버전과 다른 새로운 아이디어가 나올 수 있다.

 퍼플렉시티 답변

세대 갈등 해소를 위한 조직문화 혁신 아이디어

세대 갈등은 직장에서 흔히 발생하는 문제로, 이를 해결하기 위해서는 조직 내 소통과 협력을 강화하고, 다양한 세대의 가치와 관점을 존중하는 문화를 조성해야 합니다. 아래는 실질적으로 적용 가능한 조직문화 혁신 아이디어입니다.

1. 소통 강화 프로그램

- **타운홀 미팅**: 모든 직원이 자유롭게 의견을 공유할 수 있는 공개 토론의 장을 마련합니다1.
- **리버스 멘토링**: 젊은 세대가 기성세대를 코칭하며 서로의 관점을 이해하도록 돕습니다1 3.
- **정기적인 팀 미팅**: 다양한 세대가 함께 참여하여 의견을 나누고 협업을 촉진합니다3.

2. 교육 및 워크숍

- **세대 간 이해 교육**: 각 세대의 가치관, 의사소통 방식, 협업 방법에 대한 워크숍을 진행하여 고정관념과 오해를 줄입니다3.
- **다양성과 포용성 교육**: 직원들이 서로의 차이를 존중하고 협력할 수 있도록 돕는 프로그램을 제공합니다3.

3. 협업 중심의 팀 구성

- **다세대 팀 구성**: 프로젝트 팀을 다양한 연령대로 구성하여 각 세대의 지식과 기술을 공유하고 협업을 촉진합니다3.

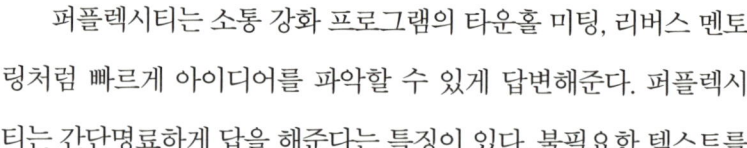

퍼플렉시티는 소통 강화 프로그램의 타운홀 미팅, 리버스 멘토링처럼 빠르게 아이디어를 파악할 수 있게 답변해준다. 퍼플렉시티는 간단명료하게 답을 해준다는 특징이 있다. 불필요한 텍스트를

나열하지 않기 때문에 어떤 아이디어가 있는지 파악할 때는 퍼플렉시티가 유용하다.

앞선 질문들과 달리 조직의 특성을 가미한다면 더 좋은 아이디어를 얻을 수 있다. 어떤 때는 포괄적인 질문이 좋지만, 조직문화처럼 조직의 특성이 반영되어야 한다면 조직의 세부 특징을 작성해 질문할 때 더 좋은 아이디어를 얻을 수 있다.

> 세대갈등을 해소하기 위한 조직문화 혁신 아이디어를 알려줘.
> – 회사 업종: IT, 인력구성: 개발자 중심

 챗GPT 답변

1. 세대 간 소통을 위한 '역멘토링 프로그램' 운영
- **핵심 아이디어:** 젊은 세대가 MZ 특유의 기술, 트렌드, 디지털 활용법 등을 선배에게 가르치고, 반대로 선배는 조직 내 지식과 경험을 나눔.
- **기대 효과:** 서로를 이해하고 존중하는 문화 조성, 위계가 아닌 '공감 기반'의 소통 증가.

2. '일하는 방식'에 대한 세대별 협약 만들기
- **핵심 아이디어:** 회의 방식, 보고 스타일, 협업 도구 사용 등에 대해 세대 간 선호를 조사하고, 공동으로 가이드라인 작성.
- **예시:** "회의는 30분 내 종료", "Slack으로 간단한 피드백은 이모지로 OK", "업무 공유는 Notion/Confluence 통일"
- **기대 효과:** 불필요한 오해 감소, 일하는 방식의 '공통 언어' 정립

3. **MZ와 시니어 개발자가 함께하는 '문제 해결 태스크포스' 운영**
   - **핵심 아이디어:** 세대가 섞인 소규모 팀이 조직의 실제 문제(예: 코드 리뷰 문화 개선, 효율적인 협업 도구 선정 등)를 해결
   - **기대 효과:** 세대 간 협업 기회 창출, 자연스러운 이해와 존중 형성
4. **'공감 토크' 세션 정례화(예: 월 1회)**
   - **운영 방식:** 서로의 세대 특징, 업무 방식, 힘들었던 경험 등을 공유하는 라운드 테이블 진행 (HR/조직문화팀 주관)
   - **예시 주제:** "내가 처음 입사했을 때", "요즘 후배/선배가 어려운 이유", "나만의 협업 꿀팁"
   - **기대 효과:** 고정관념 해소, 공감대 형성, 수평적 분위기 강화
5. **'개발자 라이프스타일 존중 캠페인'**
   - **핵심 아이디어:** 개발자마다 다른 집중 시간, 선호 환경을 존중하는 문화를 만들기
   - **구체적 실천 예시:**

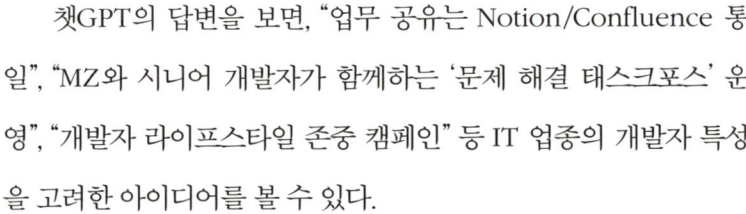

챗GPT의 답변을 보면, "업무 공유는 Notion/Confluence 통일", "MZ와 시니어 개발자가 함께하는 '문제 해결 태스크포스' 운영", "개발자 라이프스타일 존중 캠페인" 등 IT 업종의 개발자 특성을 고려한 아이디어를 볼 수 있다.

STEP 2
"최신 트렌드"와
"사례"를 제시해줘

#챗GPT #딥시크 #코파일럿 #클로바X

당신은 지금

화장품 회사에서 AI 기반의 새로운 제품이나 서비스를 개발하려고 한다. 신사업 컨설팅, 사내 전략 워크숍 등을 통해 AI 사업 아이템을 도출했다. 좋은 아이디어도 나왔지만, 경기가 어려운 상황에서 신사업을 추진해야 하는지 결정이 쉽지 않다. 조금 더 다양한 국내외 사례를 바탕으로 새로운 사업 아이디어를 얻고자 한다. 앞으로 10년 후, AI를 접목한 신사업 아이디어를 얻기 위해 어떻게 해야 할까?

일반적인 답변을 뛰어넘는 질문 전략

STEP1의 프롬프트는 일반적인 수준의 아이디어를 얻는 데 적합하다. 우리에게 필요한 것은 "참신한" 아이디어다. 참신한 아이디어를 얻으려면 어떻게 해야 할까? 일단 국내외 혁신 사례를 요청한 후,
● **해당 사례를 기반으로 한 혹은 확장된 아이디어를 요청**하면 좋은 아이디어를 얻을 수 있다. 요즘은 기술 기반 사업이 다수이기 때문에 해당 기술의 트렌드를 요청한 후, 그 트렌드를 바탕으로 질문할 수도 있다. 이 2가지 접근법으로 새로운 사업 아이디어를 찾아보자.

달인의 프롬프트

다음과 같이 간단하게 '해외 혁신기업 사례'를 요청하면 된다. '국내외 혁신기업 사례'를 요청하면 생각보다 혁신적이지 않은 기업들이 나와 '글로벌 혁신기업 사례'라고 질문하는 게 좋다. 또한 검색형 AI인 퍼플렉시티, 젠스파크 등은 국내 언론기사를 기반으로 사례를 찾아주기 때문에 새로운 사례를 찾는 데 한계가 있다.

> 혁신적인 비즈니스 모델을 통해 화장품 업계를 선도하고 있는 글로벌 혁신기업 사례를 제시해줘.

챗GPT 답변

화장품 업계는 전통적으로 제조 중심에서 유통, 마케팅 중심으로 발전해왔고, 최근에는 디지털 전환, 지속가능성, 고객 참여 등의 흐름에 따라 **비즈니스 모델 혁신**이 핵심 경쟁력으로 부상하고 있습니다. 아래는 **혁신적인 비즈니스 모델을 통해 글로벌 화장품 업계를 선도하고 있는 대표 사례 4가지**입니다. 각 사례는 단순한 기술 도입을 넘어서 **사업 구조 자체를 혁신**한 경우입니다.

1. L'Oréal – 'Beauty Tech' 기업으로의 전환
- **핵심 혁신**: 기술 기반 개인화 Personalization at Scale
- **비즈니스 모델 특징**:
  - AI 기반 진단 솔루션 'ModiFace'를 활용한 피부/헤어 분석 → 고객 맞춤형 제품 추천
  - 가상 메이크업 Virtual Try-on 서비스 → 오프라인 체험을 디지털로 대체
  - 자체 Beauty Tech Lab에서 IoT 기기까지 개발(예: 맞춤형 파운데이션 제조기기 'Perso')
- **인사이트**: 기존 화장품 회사에서 고객 데이터를 기반으로 한 IT 기반 솔루션 기업으로 비즈니스 영역을 확대. 고객 중심 설계 + 기술 내재화를 통해 지속가능한 경쟁우위 확보.

2. Glossier – 고객 커뮤니티 중심의 D2C Direct-to-Consumer 모델
- **핵심 혁신**: 사용자 참여 기반 제품 개발 + 미니멀 브랜드 전략
- **비즈니스 모델 특징**:
  - 인스타그램, 블로그를 통해 초기 팬덤 형성 → 팬 기반을 통한 제품 출시 (예: "Into the Gloss" 블로그 커뮤니티 기반 제품 기획)

- **총평 및 시사점**

핵심 테마	설명	대표 기업
디지털 전환	고객 경험을 디지털로 확장, AI · AR 활용	L'Oréal
D2C & 커뮤니티	고객 직접 판매 + 커뮤니티 기반 기획	Glossier
가격 혁신 & 투명성	브랜드 마진 축소, 성분 중심 전략	The Ordinary
초개인화	데이터 기반 맞춤형 제조	Function of Beauty

5. 컨설턴트 관점에서의 활용 포인트
    - 기술을 통한 고객경험 혁신은 '채널 혁신'이 아니라 '비즈니스 구조 전환'이라는 시각이 필요함
    - 고객 참여 Customer Involvement가 높을수록 브랜드 충성도 및 재구매율이 높아짐 → 고객이 단순 소비자가 아닌 '디자이너' 역할을 하게 만드는 구조 설계 필요
    - '고가-고품질' 공식을 깬 '고효율-고신뢰' 모델이 MZ 세대 소비 트렌드에 부합

딥시크 또한 챗GPT와 유사한 사례들을 제시했지만 다른 업체도 있어, 사례 조사 및 분석, 신사업 아이디어 도출 시에는 다양한 생성형 AI를 활용하는 게 좋다.

 딥시크 답변

1. Glossier(글로시에)
- 혁신 모델: 커뮤니티 기반 직접 판매(DTC: Direct-to-Consumer) + 소셜미디어 마케팅
- 특징:
  - 인스타그램, 틱톡 등 소셜미디어를 통해 소비자 참여를 극대화하고, 고객 피드백을 제품 개발에 반영하는 **'팬 중심'** 비즈니스 모델.
  - 미니멀리스트 패키징과 젠 Z 타깃팅으로 빠르게 성장.
  - 오프라인 팝업스토어와 온라인 통합으로 체험적 소비 유도.

2. The Ordinary(디 오디너리)
- 혁신 모델: 투명한 성분 공개 + 저가 프리미엄 전략
- 특징:
  - 복잡한 화장품 마케팅을 배제하고 **성분명과 농도**를 직접 표기해 신뢰성 강조.
  - 고효능 액티브 성분을 합리적 가격에 제공해 **"스킨케어 디모크라시"**를 실현.
  - 과학 기반 메시지로 미래지향적인 소비자 층을 공략.

3. Lush(러시)
- 혁신 모델: 윤리적 소싱 + 제로 웨이스트

- 공통 혁신 요소
  - **디지털 플랫폼 활용:** DTC와 SNS 마케팅으로 기존 유통 구조 생략.

- **소비자 참여:** 크라우드소싱, 리뷰, UGC User-Generated Content 활용.
- **지속가능성:** 친환경 포장, 청정 성분, 윤리적 공급망.
- **데이터 기반:** AI/빅데이터로 맞춤형 제품 개발.

코파일럿은 챗GPT, 퍼플렉시티, 클로드, 제미나이와 다른 사례를 제시해주기 때문에 다양한 아이디어를 얻고자 한다면 챗GPT와 코파일럿을 같이 활용하면 좋다.

 코파일럿 답변

- Lubrizol(미국): 이 바이오테크 기업은 심해 박테리아 연구를 통해 콜라겐 생성을 촉진하는 성분을 개발하며, 노화 방지 화장품 시장에서 혁신을 이루고 있습니다.
- Origin by Ocean(핀란드): 해양오염의 주범인 녹조류를 화장품 원료로 전환하는 기술을 개발하며, 지속가능성과 혁신을 동시에 추구하고 있습니다.
- Versed(미국): 탄소 배출을 줄이는 자체 프로그램을 운영하며, 경량 패키징을 도입해 환경 친화적인 접근을 보여주고 있습니다.
- Foreo(스웨덴): 우주선 소재 기술을 활용한 스킨케어 디바이스를 개발하며, 초음파 진동 기술과 항균 실리콘 소재를 결합한 혁신적인 클렌징 경험을 제공합니다.

클로바X의 경우, 아모레퍼시픽, 미미박스 등의 국내 기업 사례를 소개해주고 있어, 국내 업체 중심의 사례가 필요하다면 클로바X를 활용해볼 것을 권한다.

ⓧ 클로바X 답변

1. **아모레퍼시픽 AmorePacific:**
   - **핵심 혁신**: 아모레퍼시픽은 고객 맞춤형 화장품 제조 시스템을 도입하여 주목받고 있습니다. 특히, '베이스피커 Base Picker'라는 기술을 활용해 고객의 피부 진단 결과에 맞춰 즉석에서 화장품을 제조합니다.
   - **비즈니스 모델 포인트**: IT 기술을 기반으로 한 데이터 수집 및 제품 기획, R&D에 반영하여 프리미엄 경험을 강화하고 브랜드 충성도를 높이고 있습니다.
   - **성과**: 이러한 맞춤형 접근 방식은 고객에게 특별한 경험을 제공하며, 아모레퍼시픽의 시장 리더십을 더욱 공고히 하고 있습니다.

2. **미미박스 Memebox:**
   - **핵심 혁신**: 미미박스는 디지털 채널 중심의 뷰티 커머스 모델을 통해 글로벌 확장을 이루고 있습니다.
   - **비즈니스 모델 포인트**: 소비자 리뷰와 커뮤니티 기반의 마케팅 전략을 통해 소비자와 직접 소통하며 브랜드 인지도를 높이고 있습니다.
   - **성과**: 이를 통해 전 세계 소비자들에게 다양한 뷰티 제품을 제공하며, D2C Direct to Consumer 모델의 성공적인 사례로 자리매김하고 있습니다.

실전 프롬프트

도출된 혁신 사례를 바탕으로 '화장품 회사의 신사업 아이디어'에 대해 질문한다.

> 위의 글로벌 혁신기업 사례를 바탕으로 화장품 회사의 신사업 아이디어를 알려줘.

 챗GPT 답변

신사업 아이디어 제안

"SkinTwin" – AI 기반 피부 디지털 트윈 & 맞춤형 뷰티 라이프 플랫폼

1. 사업 개요

SkinTwin은 사용자의 피부 상태를 AI로 분석해 디지털 트윈(가상 복제본)을 생성하고, 이를 기반으로 **맞춤형 스킨케어 제품, 루틴, 식습관, 환경까지 통합 제안**하는 **데이터 기반 뷰티 플랫폼**입니다.

단순히 '맞춤 화장품'을 넘어서, **고객의 피부를 지속적으로 모니터링하고 예측하는 헬스케어+뷰티 융합모델**입니다.

2. 주요 비즈니스 모델

구성 요소	내용
AI 피부 스캐너	스마트폰 카메라 or 연동 디바이스를 통해 피부 진단 (모공, 유분, 홍조, 색소침착 등)
디지털 트윈 생성	분석 데이터를 기반으로 고객의 피부 3D 모델 & 이력 생성
맞춤형 제품 추천	피부 데이터 기반으로 자사 or 제휴사의 맞춤 화장품, 식이보충제, 루틴 추천

3. 차별화 포인트

요소	기존 모델 한계	SkinTwin의 혁신
개인화 수준	일회성 설문/분석 중심	지속적 모니터링 & 예측 (디지털 트윈 기반)
범위	스킨케어 제품 중심	피부 + 식습관 + 수면 + 환경까지 통합 관리
접점	브랜드별 앱 or 오프라인	통합 플랫폼에서 브랜드, 병원, 전문가 연결
기술 활용	단순 AI 진단	AI + 디지털 트윈 + 구독 + IoT 연계

4. 타깃 고객 및 시장성

구분	세부 내용
1차 타깃	20~40대 MZ 세대 여성 – 자기관리에 적극적이며, '과학적 관리'에 민감
2차 타깃	피부 문제에 민감한 남성, 청소년, 중장년층까지 확장 가능
시장성	K-뷰티 + 디지털 헬스케어 + 개인화 소비 → 국내외 수출 가능성↑
시너지	병의원, 에스테틱, 건강기능식품 업체와 제휴 가능 (데이터 기반 협업)

5. 수익 모델 구조

- **프리미엄 구독형 매출**
  - 피부 진단 + 맞춤 솔루션 + 제품 배송 포함 월 구독료 모델
- **마켓플레이스 커미션 수익**
  - 플랫폼 내 입점 브랜드 제품 판매 수수료
- **B2B 데이터 서비스**

- 피부과, 제약회사 대상 소비자 인사이트/데이터 제공
- **광고 및 브랜드 제휴 수익**
- 피부 유형별 타깃 광고, 브랜드 맞춤 제품 추천 서비스 등

6. 확장 가능성

확장 분야	구체 전략
해외시장 진출	K-뷰티 이미지 + AI 기술 접목 → 동남아, 중동 등 시장에 기술 플랫폼 수출
IoT 기기 연동	스마트 미러, 피부 측정 디바이스, 홈 케어 기기 등 연동
Wellness 통합	피부+영양+수면 등 라이프스타일 통합 데이터 기반 웰니스 서비스 확대

컨설턴트 시각에서의 차별화 전략

- **'제품 판매'**에서 **'데이터 기반 고객 관리 서비스'**로 비즈니스 정체성 전환
- 기술 기업/병원/제약사 등 **이종 산업과의 연계로 진입장벽 형성**
- **비즈니스 포트폴리오 다각화:** 제품 판매 외에도 구독, 데이터, 광고, 컨설팅 등 다층 수익 구조

챗GPT는 하나의 사업 아이디어를 기획서처럼 제시했다. 필요하면 앞선 경우처럼 사례별로 아이디어를 요청해도 된다. 예를 들어, "앞의 4가지 사례별로 화장품 회사의 신사업 아이디어를 알려줘"라고 요청해보자.

 **챗GPT 답변**

[Glossier] – D2C + 커뮤니티 기반 브랜드

- 벤치마킹 포인트
- 고객 참여 중심의 제품 개발
- 디지털 커뮤니티 기반의 브랜딩
- 신사업 아이디어

"Beauty Vote" – 고객 공동 기획형 화장품 브랜드 플랫폼

- 사업 개요
- 자사몰 내 '공동기획존' 오픈 → 고객이 성분, 향, 패키지, 콘셉트를 투표
- 우승 아이디어를 제품화 → 기획자에게 리워드(포인트, 제품, 공동마케팅 등) 제공
- 커뮤니티와 연결된 SNS 챌린지로 참여형 브랜딩
- 수익모델
- 공동기획 제품을 D2C로 선주문 판매(캠페인형 커머스)
- 지속적 재생산 가능 제품은 자사 브랜드로 편입
- 차별화 포인트
- '참여'가 브랜드 충성도로 연결
- 제품 개발 R&D 비용 및 실패 확률 최소화

챗GPT에서 나온 아이디어를 클로드에 묻거나, 코파일럿에 나온 아이디어를 챗GPT에 물으면 추가로 다양한 아이디어를 얻을 수 있다. ● **하나의 생성형 AI에 모든 걸 다 묻기보다는 각 생성형 AI의 강**

점을 활용하면, 무료 버전이라고 해도 유료버전 못지않게 좋은 결과를 뽑아낼 수 있다. 다만 제미나이, 코파일럿은 혁신 사례를 단순 적용해 아이디어의 신선함이 떨어진다.

> 챗GPT 사례 → 코파일럿 답변

1. 해양 자원 활용 지속가능 제품 라인

핀란드 Origin by Ocean의 사례처럼 해양오염을 줄이는 동시에 자연에서 영감을 얻은 제품을 개발하는 것은 훌륭한 접근입니다. 예를 들어, 미세 플라스틱 문제를 해결하기 위해 친환경 포장재와 함께 바다에서 추출한 천연 원료를 활용한 클렌징 제품 라인을 론칭할 수 있습니다.

2. 스마트 스킨케어 디바이스 개발

스웨덴 Foreo처럼 첨단 기술을 활용해 피부 건강을 모니터링하고 관리할 수 있는 스마트 디바이스를 개발할 수 있습니다. 예컨대, 개인의 피부 상태를 실시간으로 분석하고 맞춤형 스킨케어 루틴을 제안하는 AI 기반 기기를 고려할 수 있습니다.

3. 기후 적응형 화장품 라인

미국 Versed의 사례를 참고하여, 각 지역의 기후나 계절 변화에 따라 피부가 필요로 하는 성분을 조절할 수 있는 기후 적응형 화장품을 개발할 수 있습니다. 예를 들어 대기오염이 심한 지역에서는 피부 보호 효과가 강조된 제품을, 건조한 환경에서는 보습 성분이 풍부한 제품을 출시할 수 있습니다.

4. 자연에서 얻은 바이오 활성 성분 탐구

미국 Lubrizol처럼 독특한 생명 과학적 연구를 통해 피부 노화 방지나 재생에 효과적인 바이오 활성 성분을 발굴할 수 있습니다. 이를 통해 천연 화합물 기반의 고급 화장품을 개발하는 것이 가능할 것입니다.

5. 탄소 중립 브랜드와 협력

Versed처럼 탄소 배출 감소에 기여하는 프로그램을 자체적으로 운영하거나, 탄소 중립 원료를 사용하는 브랜드와 협력하여 친환경 화장품 브랜드 이미지를 구축할 수 있습니다.

STEP 3
아이디어를 "구조화"해줘

#챗GPT #클로드 #제미나이

당신은 지금

스마트 워크의 핵심인 회의 및 보고 문화 개선과 관련해 팀 내 의견을 수렴한 결과, 다음과 같이 7개의 아이디어가 도출되었다. 아이디어를 3~4개 정도로 그룹핑해서 회의 및 보고 문화 개선 아이디어가 명확했으면 한다.

회의 및 보고 문화 개선 아이디어

1. 회의 참석 여부에 대한 가이드라인 제시
2. 사전 회의 내용 공유
3. 회의실 시간관리 타이머 적용
4. 전사적인 회의 줄이기 노력
5. 메일이나 구두보고 활용한 보고 방식의 간결화
6. 회의 보고 문화 개선 캠페인
7. 회의에 대한 리더의 마인드 혁신

참조: https://news.skhynix.co.kr/post/improving-an-effective-organizational-culture

구조화, AI를 움직이는 똑똑한 질문 언어

생성형 AI는 구조화 스킬이 뛰어나다. 그렇기 때문에 뭔가가 나열되어 있다면, 이를 구조화해달라고 하면 된다. 혹은 그룹핑, 카테고리 등의 용어를 활용해도 괜찮다. 다만 단순하게 정리해달라고 하면 나열된 아이디어를 묶어주지 않고 세부 내용을 설명하기 때문에 ● **꼭 '구조화'라는 단어를 넣어야 한다.**

> 다음 아이디어를 구조화해줘.
> ('당신은 지금' 속 아이디어 리스트 입력)

필요에 따라 너무 많은 아이디어가 있을 경우에는 3~4개 이상의 카테고리가 만들어질 수 있다. 그럴 때는 "다음 아이디어를 3가지 관점으로 정리해줘 혹은 구조화해줘"라고 한다.

 챗GPT 답변

1. 회의 효율성 제고

세부 아이디어	설명
1. 회의 참석 여부에 대한 가이드라인 제시	꼭 필요한 인원만 참석하도록 기준을 명확히 하여 불필요한 시간 낭비 방지
2. 사전 회의 내용 공유	회의 초대 시 안건 및 자료를 미리 공유해, 회의 시간 내 결론 도출 중심으로 운영

3. 회의실 시간관리 타이머 적용	타이머를 활용해 각 안건별 시간 배분을 관리함으로써 집중도 및 시간 효율 극대화
4. 전사적인 회의 줄이기 노력	일주일에 정해진 'No Meeting Day' 운영, 불필요한 정기회의 폐지 등 제도적 차원의 변화 시도

2. 보고 방식 간결화 및 다양화

세부 아이디어	설명
5. 메일이나 구두보고 활용한 보고 방식의 간결화	꼭 문서화된 보고만 고집하지 않고, 상황에 따라 구두·이메일 등 간편한 방식으로 대체

3. 회의 및 보고 문화 인식 개선

세부 아이디어	설명
6. 회의 보고 문화 개선 캠페인	포스터, 사내 콘텐츠 등으로 올바른 회의문화 확산 유도
7. 회의에 대한 리더의 마인드 혁신	회의 주최자(특히 리더)의 인식 전환 유도: "권위가 아닌 목적을 위한 회의"

챗GPT는 회의 효율성 제고, 보고 방식 간결화 및 다양화, 회의 및 보고 문화 인식 개선 관점에서 아이디어를 정리해줬다. 다만 아이디어 수가 적다 보니 보고 방식 간결화 및 다양화에는 하나의 아이디어만 배치되었다. 각 아이디어의 세부 내용을 제시해준 점은 주목할 만하다.

클로드와 제미나이 또한 회의 효율성, 보고 방식 혁신, 리더십 관점에서 아이디어를 분류했다. 챗GPT와 마찬가지로 각 아이디어에 대한 세부 내용 제시로 아이디어를 구체화했다.

> **클로드 답변**
>
> **I. 회의 효율성 개선 방안**
>   1. 회의 참석 가이드라인 수립
>   - 필수 참석 대상자 명확화
>   - 참석 여부 판단 기준 개발
>   - 불필요한 참석 최소화
>   2. 회의 사전 준비 강화
>   - 사전 회의 내용 사전 공유
>
>   ～～～
>
> **II. 보고 방식 혁신**
>   5. 보고 방식 간결화
>   - 서면/구두 보고 방식 간소화
>
>   ～～～
>
> **III. 리더십 혁신**
>   7. 리더의 인식 전환
>   - 회의 문화에 대한 리더의 인식 혁신
>
>   ～～～

✦ **제미나이 답변**

I. 회의 효율성 증대

  1. 회의 참석 가이드라인 제시
- 회의 목적 및 참석 대상 명확화
- 참석자의 역할 및 책임 명시

II. 회의 문화 개선

  1. 전사적인 회의 줄이기 노력
- 필수 회의 외 회의 자제
- 회의 대체 수단 활용(메신저, 이메일, 화상 회의 등)

III. 보고 방식 간소화

  1. 메일이나 구두 보고 활용한 보고 방식의 간결화
- 보고 형식 간소화(핵심 내용 중심)
- 다양한 보고 방식 활용(메일, 메신저, 구두 보고 등)
- 보고 시간 단축

IV. 리더십 변화

  1. 회의에 대한 리더의 마인드 혁신
- 효율적인 회의 진행 중요성 인식
- 참석자 의견 경청 및 존중(수평적 회의 문화 조성)
- 회의 결과에 대한 책임감 강화

AI의 답변에서 관점을 뽑아 다시 물어보자

챗GPT, 클로드, 제미나이의 답변을 보고 끝나는 게 아니라, 한 단계 더 나아가야 한다. 3개의 생성형 AI를 통해 회의 및 보고 문화 개선의 관점을 회의 효율성, 보고 방식 혁신, 리더십 변화 등 3가지 정도로 정리할 수 있었다. 그러면 이 3가지 관점을 활용해 생성형 AI에게 추가적인 아이디어를 구해본다면 어떨까? 처음에는 이 3가지 관점을 몰랐지만, 이제는 알았기 때문에 이 관점 설정을 통해 또 다른 아이디어를 도출할 수 있다. 같은 창에서 질문을 해도 되고, 앞선 내용과 다른 아이디어를 얻고 싶다면 새로운 창에서 질문하면 된다.

> 회의 및 보고 문화 개선과 관련해 회의 효율성, 보고 방식 혁신, 리더십 변화 관점에서 아이디어를 제시해줘.

 동일한 창에서의 챗GPT 답변(일부)

1. 회의 효율성 관점

아이디어	설명
참석자 사전 검토 시스템	회의마다 꼭 필요한 참석자만 선정, 선택적 참석 가능하도록 유도
회의 사전 자료 필수화	회의 전에 안건/자료를 공유하고, 참석자는 사전 검토 후 참석하도록 습관화
'타이머 회의' 도입	안건당 시간제한을 설정하고, 타이머를 통해 회의 흐름을 통제

회의 요약봇 or 회의록 자동화 도구 도입	회의 내용 정리를 자동화해 회의 후속 조치 시간을 절감
회의 없는 시간대 지정	매일 특정 시간은 '집중 업무 시간'으로 설정하여 회의 금지

2. 보고 방식 혁신 관점

아이디어	설명
보고 채널 다각화	상황과 맥락에 따라 메일, 메시지, 구두, 음성녹음 등 다양한 보고 방식 허용
'5분 보고' 룰 도입	핵심 요점만 전달하는 보고 문화 정착. 자료는 최대 1~2페이지 또는 슬라이드 3장 이내

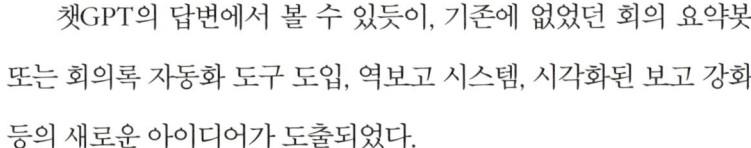

챗GPT의 답변에서 볼 수 있듯이, 기존에 없었던 회의 요약봇 또는 회의록 자동화 도구 도입, 역보고 시스템, 시각화된 보고 강화 등의 새로운 아이디어가 도출되었다.

STEP 4
"MECE"하게 분류해줘

#챗GPT #코파일럿

당신은 지금

앞선 상황과 마찬가지로 다양한 아이디어가 있다. 이를 조금 더 효과적으로 정리했으면 하는 마음이다. 추가 아이디어는 챗GPT를 통해 확보했다.

회의 및 보고 문화 개선 아이디어

1. 회의 참석 여부에 대한 가이드라인 제시
2. 사전 회의 내용 공유
3. 회의실 시간관리 타이머 적용
4. 전사적인 회의 줄이기 노력
5. 메일이나 구두보고 활용한 보고 방식의 간결화
6. 회의 보고 문화 개선 캠페인
7. 회의에 대한 리더의 마인드 혁신
8. 회의 목적 기반 회의 유형 분류 및 템플릿 도입
9. '회의 책임자Owner' 제도
10. 리버스 리포팅Reverse Reporting 제도
11. '회의 없는 날No Meeting Day' 운영

MECE하게 분류해줘!

생성형 AI에게 단순히 "○○한 내용을 알려줘", "다양한 ○○를 제시해줘"라고 하기보다는 프레임워크를 활용하면 실무에 바로 활용 가능한 답변을 얻을 수 있다. 앞서 아이디어의 그룹핑과 관련된 다양한 키워드를 제시했는데, ● MECE라는 키워드를 통해 아이디어들을 바로 구조화할 수 있다. MECE Mutually Exclusive Collectively Exhaustive 는 '상호 중복이 없고 전체적으로 누락이 없다'는 개념으로 어떤 대상들을 분류할 때 사용한다. 예를 들어, 과제가 MECE하지 않다는 것은 서로 중복되거나 혹은 놓치고 있는 과제가 있다는 뜻이다.

질문 구조는 간단하다. ● 아이디어의 주제 + MECE + 아이디어 리스트다.

> 다음은 회의 및 보고 문화 개선에 대한 아이디어야. 다음 아이디어들을 MECE하게 분류해줘.
> ('당신은 지금' 속 아이디어 리스트 입력)

 챗GPT 답변

1. 회의 구조 및 프로세스 개선
   - 사전 회의 내용 공유
   - 회의실 시간관리 타이머 적용
   - 회의 목적 기반 회의 유형 분류 및 템플릿 도입

- '회의 책임자Owner' 제도
→ 회의의 실행 방식과 구조를 효율적으로 설계하고 운영하는 방법에 해당합니다.

2. 회의 문화 및 인식 개선
- 회의 보고 문화 개선 캠페인

STEP3에서 구조화라는 키워드를 넣었을 때와 달리, MECE라는 키워드를 넣었을 때는 아이디어 리스트를 단순 분류만 해줬다. 아이디어는 회의 구조 및 프로세스 개선, 회의 문화 및 인식 개선, 회의 수 감소 및 시간 절약, 대안 보고 방식 도입 등 4개의 유형으로 분류했다.

 코파일럿 답변

1. 회의의 효율성 및 시간 관리 개선
- 회의 참석 여부에 대한 가이드라인 제시 (1)
- 사전 회의 내용 공유 (2)
- 회의실 시간관리 타이머 적용 (3)
- 회의 목적 기반 회의 유형 분류 및 템플릿 도입 (8)
- '회의 책임자Owner' 제도 (9)

2. 회의 문화 및 전사적 습관 변화
- 전사적인 회의 줄이기 노력 (4)
- 회의에 대한 리더의 마인드 혁신 (7)
- 회의 보고 문화 개선 캠페인 (6)
- '회의 없는 날 No Meeting Day' 운영 (11)

3. 보고 방식 간소화 및 혁신
- 메일이나 구두보고 활용한 보고 방식의 간결화 (5)
- 리버스 리포팅 Reverse Reporting 제도 (10)

    코파일럿의 답변도 마찬가지로 아이디어를 분류만 해줬다. 아이디어는 회의의 효율성 및 시간관리 개선, 회의 문화 및 전사적 습관 변화, 보고 방식 간소화 및 혁신으로 구분했다. 이렇게 분류해주는 게 그리 어렵지 않은 일 같지만, 실무에서는 아이디어를 어떻게 분류하느냐에 따라 보고서의 전체적인 방향이 많이 달라질 수 있다. 따라서 챗GPT를 활용하기 전에 스스로 먼저 분류한 후, 챗GPT가 분류한 내용과 어떻게 차이가 나는지 비교해보면 역량 향상에 도움이 된다.

STEP5
"로직트리"를 만들어줘

#챗GPT #퍼플렉시티 #제미나이

당신은 지금

배달앱 서비스에 대한 고객들의 만족도가 최근 두드러지게 하락하여 고민이다. 배달앱 경쟁이 심화되어 빠른 시일 내에 배달앱 서비스의 만족도 제고 방안을 마련해야 한다. 이를 위해서는 먼저 도대체 왜 고객들이 우리 회사의 배달앱 서비스에 대한 만족도가 낮은지를 분석해야 한다. 소위 말하는 문제에 대한 근본원인 분석Root Cause Analysis이 필요한 상황이다.

로직트리로 AI 분석력 끌어올리기

보고서 작성에서 구조화된 분석은 필수다. 분석을 구조화하면 상황 → 문제 → 근본원인 → 개선방향 → 개선방안으로 이어지는 보고서의 기본 뼈대를 만들기가 쉽기 때문이다. 특히 '로직트리Logic Tree'라는 개념을 알고 생성형 AI에 질문한다면 내가 원하는 근본원인 분석을 더 빠르게 진행할 수 있다. 로직트리는 단어 그대로 나뭇가지가 논리적으로 연결되어 있다는 뜻으로 어떤 문제를 논리적으로 세분화해서 근본원인이나 해결책을 찾는 도구다.

로직트리 질문은 ● **상황 + 목적**을 결합해 "○○를 위한 로직트리를 만들어줘"라고 하면 된다.

> 최근 배달앱 서비스에 대한 고객만족도가 낮아지고 있어. 배달앱 서비스 만족도 제고를 위해 고객 불만족 원인에 대한 근본원인을 파악하기 위한 로직트리를 만들어줘

 챗GPT 답변

최상위 문제
고객의 배달앱 서비스에 대한 불만족 증가
1차 분류 - 불만족의 주요 카테고리(서비스 경험 흐름 중심)
  1. 앱 사용 경험 (UX/UI)
  2. 주문 및 결제 과정

    3. 배달 과정

    4. 고객 서비스

    5. 가격 및 혜택

    6. 기대 vs. 현실 차이

2차 분류 - 세부 원인

  1. 앱 사용 경험

    - 앱 로딩 속도 느림

    - 인터페이스 복잡함

    - 메뉴/상점 검색 어려움

    - 추천/필터 기능 부정확

  2. 주문 및 결제

    - 결제 오류 빈번

  6. 기대 vs. 현실

    - 앱 내 이미지와 실물 차이

    - 리뷰 신뢰도 낮음(허위 후기)

    - 별점과 실제 서비스 품질 불일치

챗GPT는 앱 사용 경험(UX/UI), 주문 및 결제 과정, 배달 과정, 고객 서비스, 가격 및 혜택, 기대 vs. 현실 차이 관점에서 1단계 원인분석 후, 각 원인에 대한 2단계 분석을 제시한다.

달인의 프롬프트

글머리표(불렛포인트)가 아닌 실제 트리 구조의 답변을 얻고 싶다면 '도식화'라는 단어를 추가하면 된다. 상황에 따라 도식화란 단어를 추가하지 않아도 시각화된 형태로 나오기도 한다.

> 최근 배달앱 서비스에 대한 고객만족도가 낮아지고 있어. 배달앱 서비스 만족도 제고를 위해 고객 불만족 원인에 대한 근본원인을 파악하기 위한 로직트리를 도식화해서 만들어줘.

 챗GPT 답변

```
고객 불만족
├── 1. 가격 관련 불만
│    ├── 배달비 상승
│    ├── 최소 주문금액 부담
│    └── 할인 쿠폰 및 혜택 축소
│
├── 2. 음식 품질 문제
│    ├── 배달 시 음식 훼손
│    ├── 식은 음식 도착
│    └── 음식 맛 또는 양 불만족
│
├── 3. 배달 서비스 품질
│    ├── 배달 지연
```

챗GPT는 가격, 음식품질, 배달 서비스, 앱 사용경험 관련 불만으로 고객만족도 저하 원인을 분석했다. 클로드도 챗GPT와 마찬가지로 답변 화면 외 시각화된 형태로 트리 구조를 만들어주며, 앱 자체 관련 문제, 배달 서비스 관련 문제, 음식/상품 관련 문제, 가격 관련 문제 등으로 근본원인을 분석했다. 퍼플렉시티도 텍스트 답변과 함께 트리 구조를 제시했다.

퍼플렉시티 답변

```
로직트리 시각화
    ├─ 서비스 운영 문제
    │    ├─ 고객센터 대응 미비
    │    ├─ 배달 품질 관리
    │    └─ 취소·환불 시스템
    ├─ 가격 정책 관련 이슈
    │    ├─ 과도한 수수료
    │    ├─ 배달비 상승
    │    └─ 이중 가격제
    ├─ 플랫폼 시스템 결함
    │    ├─ 기술적 한계
```

```
            └─ 불공정 경쟁
    └─ 이해관계자 갈등
        ├─ 라이더-업체 간
        └─ 업체-소상공인 간
```

위와 같이 트리 구조의 답변이 나왔을 때, 이를 도형을 활용한 구조화된 이미지로 만들고 싶다면 다음과 같은 프롬프트를 입력하면 된다.

위의 로직트리를 시각화된 이미지로 만들어줘.

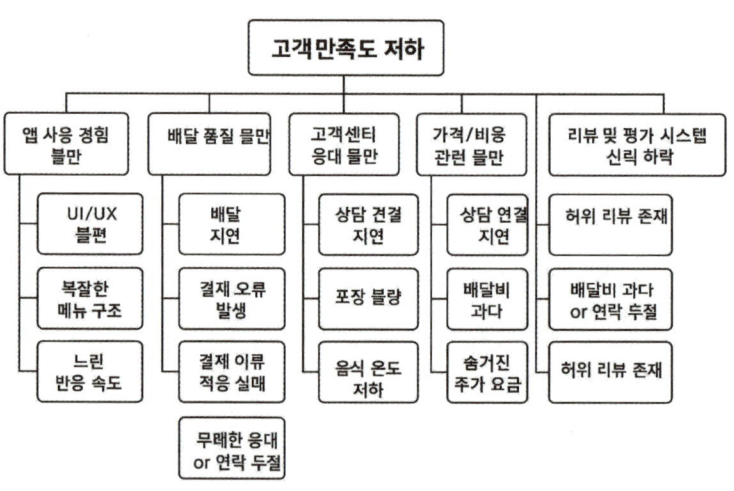

[그림 1] 챗GPT가 제안한 로직트리 이미지(최종)

이미지가 PNG 파일로 생성되어 파워포인트에서 "그림을 표시할 수 없습니다"라는 메시지가 뜬다면 당황하지 말고 JPEG 파일로 바꿔달라고 요청해보자.

> 위의 png 파일을 JPG 파일로 바꿔줘.

그러면 파일을 바꾸는 과정과 함께 다음과 같이 JPEG로 변환된 파일을 다운로드할 수 있다는 답변이 나온다.

챗GPT 답변(최종)

JPEG 파일로 변환이 완료되었습니다. 아래 링크를 클릭하여 다운로드할 수 있어요:

logic_tree_diagram.jpg

제미나이는 로직트리를 단계별로 제시했다. 1단계는 고객 불만족 원인 분석, 2단계는 근본 원인 분석, 3단계는 개선 방안 도출, 4단계는 실행 및 평가이다. STEP6에서 이야기할 문제 정의What → 원인 분석Why → 개선 방안How의 로직트리 순서로 답변을 제시했다는 점에서 다른 생성형 AI의 답변과 차별점이 있다고 본다.

> ◆ **제미나이 답변**

배달앱 서비스 만족도 제고를 위한 로직트리

목표: 배달앱 서비스 고객 만족도 향상

핵심 질문: 고객 불만족의 근본 원인은 무엇인가?

1단계: 고객 불만족 원인 분석

1.1 서비스 품질 불만:

   1.1.1 배달 지연:

   1.1.1.1 배달원 부족

   1.1.1.2 음식점 조리 지연

   1.1.1.3 교통 상황

   1.1.1.4 배달 동선 문제

   1.1.2 음식 품질 불만:

   1.1.2.1 음식 변질

~~~

1.4 정보 불만:

   1.4.1 음식 정보 불일치

   1.4.2 배달 정보 부정확

   1.4.3 리뷰 정보 신뢰도 불만

   1.4.4 이벤트 정보 부족

2단계: 근본 원인 분석

2.1 시스템 문제:

   2.1.1 앱 시스템 불안정

   2.1.2 배달 시스템 비효율

3단계: 개선 방안 도출

3.1 시스템 개선:

   3.1.1 앱 시스템 안정화

   3.1.2 배달 시스템 효율화

4단계: 실행 및 평가

- 개선 방안 실행
- 고객 만족도 변화 추이 분석
- 추가 개선 사항 도출

참고:

- 이 로직트리는 일반적인 배달앱 서비스의 불만족 원인을 분석한 것이며, 실제 서비스의 특성에 따라 추가적인 요인을 고려해야 합니다.
- 고객 만족도 조사를 통해 실제 고객의 불만 사항을 파악하고, 이를 바탕으로 로직트리를 구체화하는 것이 중요합니다.

달인의 킥
범용 AI 에이전트 "마누스"로 로직트리 만들기

마누스는 AI 에이전트로, 홈페이지 소개글에 "사고와 행동을 연결하는 범용 AI 에이전트입니다: 단순히 사고하는 데 그치지 않고 결과를 제공합니다"라고 나와 있다. 마누스는 클로드의 3.5 Sonnet를 기반으로 다수의 툴을 적용해 다른 생성형 AI들이 제공하는 심층 연구 기능을 기본으로 제공하는데, 첫 가입자에게는 1,000크레딧을 제공하며, 한 번 질문 시 보통 100크레딧 이상이 사용된다. 참고로 아래 질문 결과, 154크레딧이 사용되어 846크레딧이 남았다.

다음은 마누스 메인 화면(위)과 "최근 배달앱 서비스에 대한 고객만족도가 낮아지고 있어. 배달앱 서비스 만족도 제고를 위해 고객 불만족 원인에 대한 근본원인을 파악하기 위한 로직트리를 만들어줘"라는 질문에 대한 답변(아래)이다. 마누스는 혼자 계획을 수립하고 분석해서 질문에 답한다. 결과물은 PDF 파일로 다운로드 받을 수 있다.

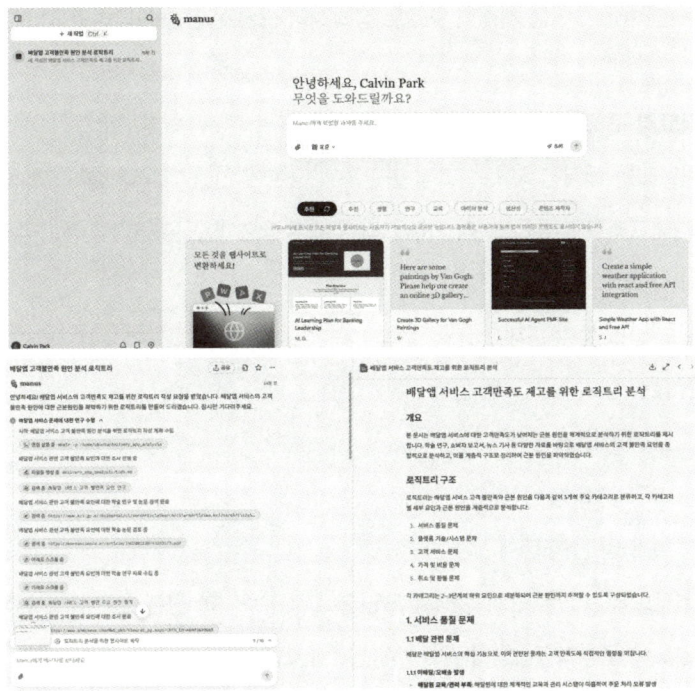

[그림 1] 마누스 메인 화면(위)과 작업 화면 및 결과(아래)

마누스가 최종적으로 제시한 결과물은 다음과 같다.

 마누스 답변

배달앱 서비스 고객만족도 제고를 위한 로직트리 분석

개요

본 문서는 배달앱 서비스에 대한 고객만족도가 낮아지는 근본 원인을 체계적으로 분석하기 위한 로직트리를 제시합니다. 학술 연구, 소비자 보고서, 뉴스 기사 등 다양한 자료를 바탕으로 배달앱 서비스의 고객 불만족 요인을 종합적으로 분석하고, 이를 계층적 구조로 정리하여 근본 원인을 파악하였습니다.

로직트리 구조

로직트리는 배달앱 서비스 고객 불만족의 근본 원인을 다음과 같이 5개의 주요 카테고리로 분류하고, 각 카테고리별 세부 요인과 근본 원인을 계층적으로 분석합니다:

1. 서비스 품질 문제
2. 플랫폼 기술/시스템 문제
3. 고객 서비스 문제
4. 가격 및 비용 문제
5. 취소 및 환불 문제

각 카테고리는 2~3단계의 하위 요인으로 세분화되어 근본 원인까지 추적할 수 있도록 구성되었습니다.

1. 서비스 품질 문제

1.1 배달 관련 문제

배달은 배달앱 서비스의 핵심 기능으로, 이와 관련된 문제는 고객 만족도에 직접적인 영향을 미칩니다.

1.2 음식/상품 품질 문제

배달 음식의 품질은 고객 만족도의 핵심 요소이며, 이에 대한 불만족은 서비스 전체에 대한 평가에 영향을 미칩니다.

2. 플랫폼 기술/시스템 문제

2.1 앱 사용성 문제

사용자 경험은 배달앱 서비스의 중요한 요소로, 직관적이고 편리한 인터페이스는 고객 만족도에 큰 영향을 미칩니다.

2.2 시스템 안정성 문제

시스템의 안정성은 서비스의 신뢰도와 직결되며, 기술적 오류는 고객 경험에 부정적 영향을 미칩니다.

3. 고객 서비스 문제

3.1 고객 응대 체계 미흡

고객 서비스의 질은 문제 발생 시 고객 만족도 회복에 중요한 역할을 합니다.

3.2 책임 소재 불명확

서비스 문제 발생 시 책임 소재가 불명확하면 문제 해결이 지연되고 고객 불만이 증가합니다.

4. 가격 및 비용 문제

4.1 가격 투명성 부족

가격 정보의 투명성은 소비자 신뢰와 직결되며, 불투명한 가격 정책은 불만의 주요 원인입니다.

4.2 비용 부담 증가

서비스 이용 비용의 증가는 소비자의 가치 인식에 부정적 영향을 미칩니다.

5. 취소 및 환불 문제

5.1 취소/환불 정책 불합리

취소 및 환불 정책은 소비자 권익 보호의 중요한 요소이며, 불합리한 정책은 불만의 원인이 됩니다.

5.1.1 엄격한 취소 조건

- **제한적 취소 가능 시간**: 매우 짧은 취소 가능 시간으로 인한 소비자 불편
- **취소 사유 제한**: 제한적인 취소 사유 인정으로 인한 소비자 선택권 제한
- **취소 페널티 과도**: 취소 시 부과되는 과도한 페널티로 인한 소비자 부담

5.1.2 환불 정책 불투명

결론 및 시사점

배달앱 서비스의 고객 불만족은 단일 요인이 아닌 다양한 요인들의 복합적인 결과입니다. 서비스 품질, 플랫폼 기술, 고객 서비스, 가격 정책, 취소/환불 정책 등 여러 영역에서 발생하는 문제들이 상호 연결되어 전반적인 고객 경험에 영향을 미칩니다.

로직트리 분석을 통해 도출된 주요 시사점은 다음과 같습니다:

1. **통합적 서비스 품질 관리:** 배달 과정, 음식 품질, 정보 정확성 등 서비스

품질의 모든 측면을 통합적으로 관리해야 합니다.
2. **기술적 안정성과 사용성 개선:** 플랫폼의 기술적 안정성을 확보하고, 사용자 중심의 직관적인 인터페이스를 제공해야 합니다.
3. **책임 소재 명확화 및 고객 지원 강화:** 서비스 문제 발생 시 책임 소재를 명확히 하고, 효과적인 고객 지원 체계를 구축해야 합니다.
4. **가격 정책의 투명성 확보:** 가격 구성 요소와 변동 사항에 대한 투명한 정보 제공이 필요합니다.
5. **소비자 친화적 취소/환불 정책:** 소비자 권익을 보호하는 합리적인 취소/환불 정책과 효율적인 처리 프로세스가 필요합니다.

배달앱 서비스 고객만족도 제고를 위해서는 이러한 근본 원인들을 체계적으로 분석하고, 각 영역별 개선 전략을 수립하여 통합적으로 접근해야 합니다. 특히 고객 관점에서의 서비스 설계, 투명한 정보 제공, 효율적인 문제 해결 체계 구축이 중요합니다.

참고 자료

1. 한국소비자원 (2019). 배달서비스 플랫폼(앱) 소비자문제 실태조사.

5. 한국소비자원 (2023). 배달앱 서비스 관련 소비환경 실태 조사 결과.

STEP 6
하나의 "트리 구조"를 만들어줘

#챗GPT #코파일럿 #뤼튼 #제미나이

당신은 지금

앞서 본 배달앱 서비스에 대한 근본원인 분석은 문제-원인-방안이라는 보고서 전체 구조에서 원인에만 초점을 두고 있다. 그런데 이를 한눈에 들어오게 만들어보고 싶다. 그래서 문제-원인-방안이 논리적으로 연결되어 있다는 점을 강조하고 싶다.

What-Why-How 트리 구조

로직트리는 크게 What 트리, Why 트리, How 트리가 있다. What 트리가 문제를 몇 가지 관점에서 정의한다면, Why 트리는 관점별로 정의된 문제에 대한 근본원인(문제점)을 분석한다. 마지막으로 How 트리는 근본원인을 해결하기 위한 과제를 보여준다.

생성형 AI에 각 트리를 따로 물어볼 수도 있지만, 처음부터 하나의 What-Why-How로 만들어 전체 구조를 한 번에 파악하게 할 수도 있다. ● **하나의 트리 구조로 만들어줘**가 핵심이다.

> 최근 배달앱 서비스에 대한 고객만족도가 낮아지고 있어. 배달앱 서비스 만족도 제고를 위한 방안을 마련하고 해. 이를 위해 문제정의(What 트리), 문제점(원인분석, Why 트리), 개선방안(How 트리)을 하나의 트리 구조로 만들어줘.

이와 같이 질문하면, 문제정의, 원인분석, 개선방안을 체계적으로 하나의 트리 구조로 만들 수 있다. 그러면 각 단계별로 어떤 부분에 집중해야 하는지 명확해지며, 실질적인 실행 전략을 마련하는 데 큰 도움이 된다. ● **복잡한 문제는 문제정의(What 트리) – 문제점 및 원인분석(Why 트리) – 개선방향(What 트리) – 개선과제(How 트리) 형태**로 만들면 조금 더 체계적인 접근이 가능하다.

챗GPT 답변

[What] 배달앱 서비스에 대한 고객 만족도 하락
├─[Why1] 배달 시간 지연 및 불확실성
│　├─[How1-1] 실시간 배달 위치 추적 시스템 정밀도 개선
│　├─[How1-2] 예상 배달시간 오차율 개선 (AI기반 예측 고도화)
│　└─[How1-3] 배달 지연 시 보상 체계 강화 (포인트, 할인 등)
├─[Why2] 고객 응대 서비스 미흡 (CS 대응 불만)
│　├─[How2-1] 챗봇/상담원 교육 강화로 응대 품질 향상
│　├─[How2-2] 고객 응대 이력 기반 맞춤형 대응 시스템 도입
│　└─[How2-3] 고객 불만 피드백 반영 프로세스 도입
├─[Why3] 앱 사용성 불편 (UI/UX 불만)
│　├─[How3-1] 앱 구조 간소화 및 직관적인 메뉴 개편
│　├─[How3-2] 잦은 오류/버그 개선 및 안정성 테스트 강화
│　└─[How3-3] 장애 발생 시 알림 및 대체 경로 안내 시스템 도입
└─[Why4] 음식 품질 및 위생 문제
　　├─[How4-1] 음식점 평점/후기 시스템 정교화 (부정 리뷰 관리 포함)
　　├─[How4-2] 위생 인증 음식점 우선 노출 및 배달 인증 시스템 구축
　　└─[How4-3] 고객 클레임 발생 시 즉각적 보상 및 제재 시스템

챗GPT는 문제를 "배달앱 서비스에 대한 고객만족도 하락"이라고 정의한 후, 해당 문제에 대한 원인을 배달 시간 지연 및 불확실성, 고객 응대 서비스 미흡, 앱 사용성 불편, 음식 품질 및 위생 문

제 등 4가지로 구분하고 각각의 원인에 대한 방안을 제시했다. 문제를 세분화하지는 않았다.

 코파일럿 답변

[배달앱 서비스 만족도 제고]
```
│
├── 1. What: 문제 정의
│    ├── A. 배송 품질 문제
│    │     ├── 배송 지연 및 예상 도착시간 불일치
│    │     └── 음식 온도 유지 및 포장 상태 미흡
│    │
│    ├── B. 기술 및 앱 사용성 문제
│    │     ├── 사용자 친화적이지 않은 인터페이스(UI/UX)
│    │     └── 주문 및 결제 시스템 오류/불안정
│    │
│    ├── C. 고객 서비스 및 지원 문제
│    │     ├── 배달원 서비스 태도 부실 (불친절, 소통 부족)
│    │     └── 고객 지원(상담/문의) 응대 지연 및 한계
│    │
│    └── D. 가격 및 외부 요인 문제
│          ├── 높은 배송비 및 최종 결제 금액
│          └── 경쟁사 대비 낮은 혜택, 소비자 기대치 상승, 외부 환경
│              (교통, 날씨 등)
│
```

```
├── 2. Why: 문제점 및 원인 분석
│   ├── A. 배송 품질 문제 원인
│   │       ├── 내부: 배달 기사 수 부족, 효율적 배차 시스템 미흡, 실시간
│   │       │    교통·날씨 반영 미비
│   │       └── 외부: 도로 상황, 날씨 악화 등 예측 불가 요인
```

```
└── 3. How: 개선 방안
        ├── A. 배송 품질 개선 전략
        │       ├── 배달 기사 인력 보강 및 효율적 배차 시스템(최적 경로,
        │       │    실시간 업데이트) 도입
        │       ├── 실시간 교통·날씨 데이터를 활용한 예측 시스템 개선
        │       └── 포장재 개선, 보온/보냉 기술 도입으로 음식 품질 유지
```

챗GPT와 달리 코파일럿은 문제를 배송 품질, 기술 및 앱 사용성, 고객 서비스 및 지원, 가격 및 외부 요인 등의 4가지 관점으로 정의했다. 또한 관점별 원인분석과 해결 방안을 제시했다. 뤼튼도 유사한 형태로 답변을 했다. 마찬가지로 클로드나 제미나이도 코파일럿처럼 문제를 다양한 관점으로 정의했다. 특히 제미나이는 챗GPT처럼 문제를 정의한 후, 내가 의도한 것처럼 하위 문제를 제시해 논리적인 분석에서 강점을 보였다.

🆄 뤼튼 답변

1. 문제정의 (What 트리)

```
└─ 배달앱 서비스에 대한 고객만족도가 낮음
    ├─ 주문 과정에서 불편함
    ├─ 배달 품질 및 시간문제
    ├─ 고객지원 서비스 미흡
    └─ 앱 사용 환경 및 UI/UX 불만
```

2. 문제점 (원인분석, Why 트리)

```
├─ 주문 과정에서 불편함
│   ├─ 앱 로딩 속도 느림
│   ├─ 결제 수단 제한
│   └─ 메뉴 정보 부족 및 부정확
├─ 배달 품질 및 시간문제
│   ├─ 배달기사 부족 및 과부하
│   ├─ 배달 경로 비효율
│   └─ 음식 포장 상태 불량
├─ 고객지원 서비스 미흡
│   ├─ 문의 대응 지연
│   ├─ 불만 접수 및 처리 절차 불명확
│   └─ 보상 정책 미흡
└─ 앱 사용 환경 및 UI/UX 불만
    ├─ 복잡한 인터페이스
    ├─ 잦은 오류 및 버그
```

                └── 개인화 추천 기능 부족
3. 개선방안 (How 트리)
    ├── 주문 과정 개선
    │   ├── 앱 최적화 및 로딩 속도 향상
    │   ├── 다양한 결제 수단 도입
    │   └── 메뉴 정보 강화 및 실시간 업데이트
    ├── 배달 품질 및 시간 개선
    │   ├── 배달기사 인력 충원 및 교육 강화
    │   ├── 최적 경로 알고리즘 도입
    │   └── 음식 포장 재질 및 방식 개선
    ├── 고객지원 서비스 강화
    │   ├── 24시간 상담 서비스 운영
    │   ├── 불만 접수 및 처리 프로세스 체계화
    │   └── 명확한 보상 정책 마련 및 홍보
    └── 앱 UI/UX 개선
        ├── 직관적이고 간편한 인터페이스 설계
        ├── 정기적인 버그 수정 및 업데이트
        └── AI 기반 개인화 추천 시스템 도입

 제미나이 답변

배달앱 서비스 만족도 제고를 위한 트리 구조 분석

1. 문제 정의(What Tree): 배달앱 서비스 고객 만족도 하락
  • 하위 문제:

- 배달 지연 및 오배송 증가
- 음식 품질 불만(식음, 누락, 변질 등)
- 고객 응대 서비스 불만(문의 처리 지연, 불친절 등)
- 앱 사용 편의성 불만(결제 오류, 정보 부족, 복잡한 UI 등)
- 높은 배달비 및 할인 혜택 감소

STEP 7
목차를
○○순서로 "구성"해줘

#챗GPT #제미나이

당신은 지금

앞서 본 로직트리를 기반으로 보고서 목차를 구성하려고 한다. 그런데 그냥 목차를 구성해달라고 했더니 원하는 형태가 나오지 않는다. 문제, 원인, 방안은 잘 도출한 것 같은데, 이를 목차로 한 번에 만들 수 있는 방법이 없을까 고민 중이다.

원하는 구조를 먼저 제시하라

생성형 AI는 목차를 구성해달라고 하면 대부분 논문 형태, 예를 들어 서론, 본론, 결론, 참고문헌 순으로 제시한다. 그래서 질문할 때는 내가 원하는 목차 구성안을 제시해야 두 번 질문을 해야 하는 수고로움을 피할 수 있다. 무작정 "목차를 구성해줘"라고 하지 말고,
● **사내 문서 유형별 목차**를 요청한다.

> (앞의 로직트리 내용을 기반으로) 보고서 목차를 "검토 배경 및 목적, 현황 및 문제점, 개선방향, 개선방안"순으로 구성해줘.

 챗GPT 답변

보고서 목차
배달앱 서비스 만족도 제고를 위한 개선 방안

1. 검토 배경 및 목적
   1.1 배달앱 시장 성장과 경쟁 심화
   1.2 고객 불만 증가와 서비스 신뢰도 하락
   1.3 본 보고서의 목적과 접근 방법

2. 배달앱 이용 현황과 고객의 불만
   2.1 배달앱 이용자 수 및 주요 사용 행태
   2.2 최근 고객 불만 사례와 주요 불만 유형
   – 배달 시간 지연

- 고객센터 응대 불만

　　- 앱 오류 및 불편한 사용 경험

　　- 음식 품질 및 위생 문제

　2.3 고객 불만의 원인 분석

　　- 배달 예측 정확도 부족

　　- 대응 시스템 미흡

　　- 사용자 인터페이스 문제

　　- 파트너(라이더·음식점) 관리 이슈

3. 서비스 개선을 위한 방향 설정

　3.1 고객 관점에서의 신뢰 회복

　3.2 기술 기반 운영 안정성 확보

　3.3 라이더·음식점과의 협력 체계 강화

　3.4 고객 응대 및 커뮤니케이션 방식 개선

4. 고객 만족도 제고를 위한 개선 방안

　4.1 배달 시간 예측 정확도 향상 및 실시간 안내 기능 개선

　4.2 CS 대응 품질 강화 및 고객 피드백 반영 시스템 구축

　4.3 앱 사용성 개선: 메뉴 구조 단순화 및 오류 최소화

　4.4 음식 품질 관리 강화 및 위생 인증 정보 제공

　4.5 라이더 및 음식점 대상 인센티브·평가제도 개선

　4.6 개선 후 기대 효과와 고객 반응 예측

챗GPT에게 받은 첫 번째 답변에는 '2.3 문제 구조화: What Tree', '2.4 원인 분석: Why Tree' 같은 적합하지 않은 내용이 목차

에 포함되어 있었는데, 다음과 같은 프롬프트를 통해 조금 더 자연스러운 형태의 현재 목차를 받을 수 있었다.

> 조금 더 자연스럽게 만들어줘. "문제 구조화(삭제해야 할 내용)" 같이 추상적인 내용 제시 말고.

제미나이는 로직트리와 같이 논리구성에서 다른 생성형 AI 대비 차별화된 답변을 제시해준다. 로직트리나 목차구성과 같이 '기획력'을 요하는 답변을 원한다면 제미나이를 활용하면 좋다.

 제미나이 답변

1. 검토 배경 및 목적
   1.1. 배달앱 서비스 시장 경쟁 심화 및 고객 만족도 중요성 증대
- 시장 성장 추이, 경쟁사 동향, 고객 니즈 변화 분석
- 고객 만족도가 기업 경쟁력에 미치는 영향 분석

   1.2. 고객 만족도 저하로 인한 사업 영향 분석
- 고객 이탈률, 매출 감소, 브랜드 이미지 하락 등 구체적 지표 제시
- 문제 해결의 시급성 및 필요성 강조

   1.3. 본 보고서의 목적 및 범위
- 고객 만족도 제고를 위한 실행 가능한 개선 방안 제시
- 개선 방안의 구체적인 목표 및 기대 효과 제시

2. 현황 및 문제점
   2.1. 고객 불만 사항 심층 분석

- VOC(Voice of Customer) 분석: 고객 리뷰, 설문 조사 결과 등
- 주요 불만 유형 및 빈도 분석 (배달 지연, 음식 품질, 배달비 등)

2.2. 내부 운영 현황 진단
- 배달 시스템, 고객 서비스 프로세스, 앱 사용성 등 내부 문제점 분석
- 문제 발생 원인 및 책임 소재 명확화

2.3. 경쟁사 서비스 비교 분석
- 경쟁사 강점 및 약점 분석을 통한 자사 서비스 개선점 도출
- 벤치마킹 사례 제시 및 적용 가능성 검토

3. 개선방향

3.1. 핵심 개선 과제 도출
- 고객 불만 및 내부 문제점 기반 핵심 개선 과제 선정
- 우선순위 설정 및 중요도 평가

3.2. 구체적인 개선 목표 설정
- SMART 목표 설정(Specific, Measurable, Achievable, Relevant, Time-bound)
- 목표 달성 지표 및 측정 방법 설정

3.3. 개선방향 설정
- 고객 만족도 향상을 위한 서비스의 개선방향의 전반적인 설정.

4. 개선 방안

4.1. 분야별 개선 방안 상세 설계
- 배달 시스템 개선 방안(배달 시간 단축, 정확도 향상 등)
- 음식 품질 및 위생 관리 강화 방안
- 가격 경쟁력 강화 및 할인 혜택 확대 방안
- 고객 서비스 품질 향상 방안
- 앱 사용 편의성 개선 및 오류 최소화 방안

- 배달원 안전 및 처우 개선 방안

4.2. 실행 계획 및 일정 수립
- 단계별 실행 계획 및 세부 일정 수립
- 필요 자원 및 예산 확보 계획
- 담당 부서 및 책임자 지정

4.3. 성과 측정 및 지속적인 개선
- 개선 방안 실행 후 성과 측정 지표 설정
- 정기적인 성과 측정 및 분석
- 고객 피드백 시스템 구축 및 운영
- 개선 방안 효과 분석 및 추가 개선 방안 도출

추가로 도출된 목차를 바탕으로 "PPT 슬라이드 디자인도 해줘"라고 하면 PPT 슬라이드별 내용 구성 방안도 제시해주니 이 점도 잊지 말자.

 챗GPT 답변

PPT 슬라이드 구성안

주제: 배달앱 서비스 만족도 제고 방안

슬라이드 1. 제목 슬라이드
- **제목:** 배달앱 서비스 고객만족도 제고 방안
- **부제(선택):** 고객 신뢰 회복을 위한 실질적 개선 전략
- **하단:** 발표자명 / 날짜 / 소속 (회사 또는 부서명)

슬라이드 2. 검토 배경 및 목적

- **왼쪽:** 배달앱 시장 성장률 그래프 or 배달앱 사용자 증가 추이
- **오른쪽 텍스트:**
  - 최근 경쟁 심화와 서비스 차별화 필요성
  - 고객 불만 증가에 따른 이미지 리스크
  - 본 보고서는 고객 관점의 불만 원인을 분석하고 실질적인 개선안을 제시

슬라이드 11. 기대 효과

- 표 또는 아이콘 도식 활용
  - 고객 만족도 상승
  - 서비스 재이용률 증가
  - 앱 평점 개선
  - 파트너 만족도 향상
  - 브랜드 신뢰도 회복

슬라이드 12. 마무리 및 제언

- 요약된 개선방향 3~4줄
- "지금 필요한 건 신뢰 회복과 실질적인 실행" 같은 마무리 문구
- 향후 단계 제안(예: 고객 반응 추적, 피드백 주기적 반영)

달인의 킥
마인드맵 AI "윔지컬"로 보고서 뼈대 만들기

아이디어를 도출하고 이를 구조화하는 작업은 생성형 AI의 전문 분야다. 마인드맵을 그리는 데 특화된 생성형 AI는 따로 있다. 윔지컬Whimsical이 대표적이다. 윔지컬은 마인드맵 특화 기능을 통해 시각화된 자료를 한 번에 확인할 수 있어 보고서의 뼈대를 빠르고 쉽게 작성할 수 있다.

"신입사원 퇴사율 감소 방안"에 대한 마인드맵을 작성해보자. 별다른 아이디어 없이 시작해도 윔지컬은 단단한 뼈대를 만들어준다.

구글에서 한글로 윔지컬 혹은 영어로 Whimsical을 검색하면 첫 번째로 윔지컬 사이트가 뜬다. 해당 사이트를 클릭하면 다음과 같은 메인 화면을 볼 수 있고, 회원가입을 하면 윔지컬을 이용할 수

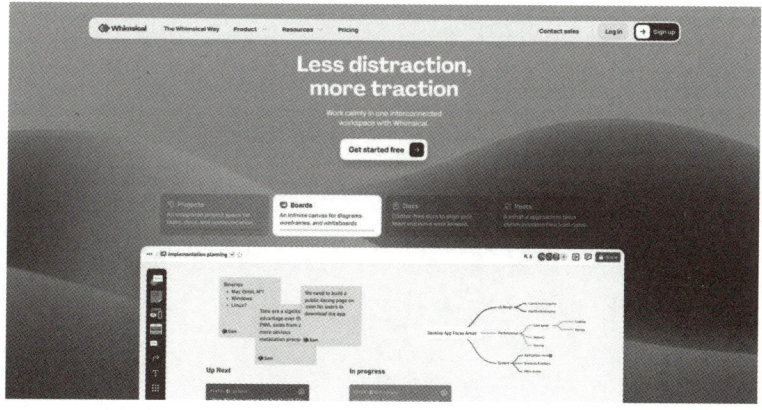

[그림 1] 윔지컬 홈페이지

있다. 대부분의 생성형 AI 사이트는 구글 아이디가 있으면 홈페이지 가입이 어렵지 않다.

회원 가입 후, 로그인을 하면 그림 2와 같은 화면을 접할 수 있다. 왼쪽 메뉴에서 'Create new' ❶를 클릭하면 다양한 작업을 할 수 있는 메뉴가 나온다. 여기서 첫 번째 'Board' 메뉴 ❷를 클릭한다.

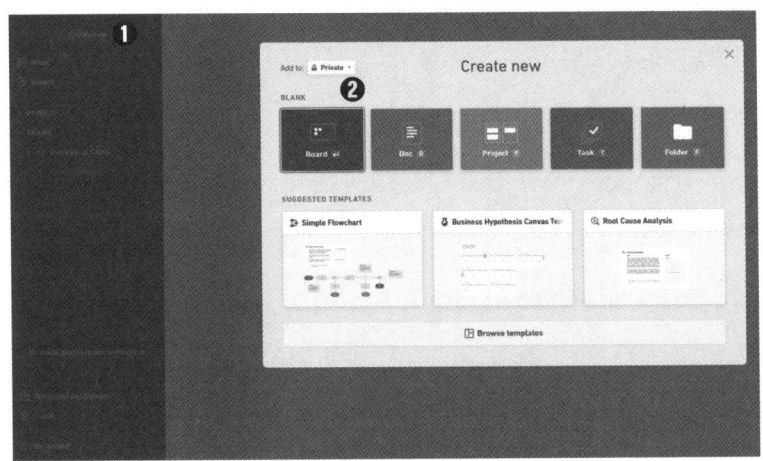

[그림 2] 윔지컬 Create new 작업 화면

'Board' 메뉴는 마인드맵을 포함해 다이어그램 등의 다양한 비주얼 씽킹 이미지를 만들 수 있는 메뉴다. 'Board' 메뉴를 클릭하면, 그림 3과 같이 다양한 툴이 등장한다. 이 중 마인드맵 이미지를 클릭한다. 'Mind map' ❸이라는 텍스트가 입력된 네모 박스가 등장하면, 이 박스에 원하는 주제를 입력한다.

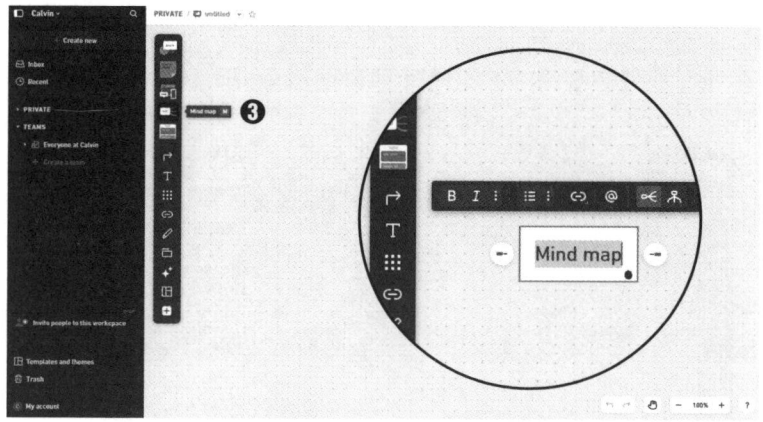

[그림 3] 마인드맵 툴과 마인드맵 주제 입력창(원)

그림 4와 같이 '신입사원의 퇴사율 감소 방안'을 입력 후 툴 박스의 메뉴 중 별표(AI 자동 생성) 메뉴를 클릭하면 마인드맵이 자동으로 만들어진다. 신입사원의 퇴사율 감소 방안에 대해 5가지 아이디어가 제시되었다.

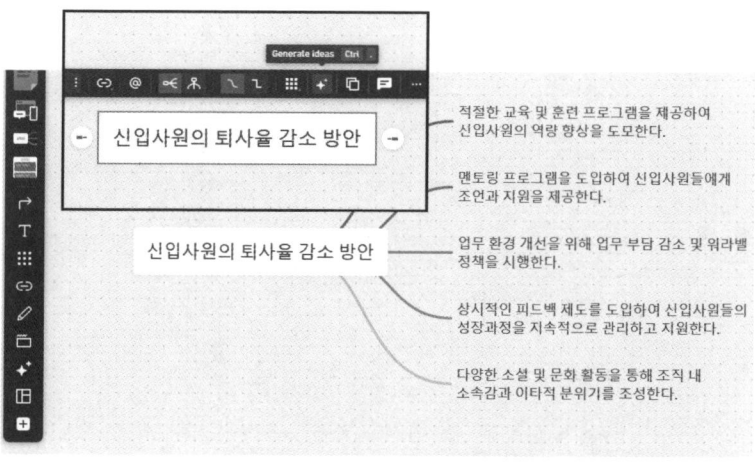

[그림 4] 별표 툴 박스(확대) 클릭 후 자동으로 만들어지는 마인드맵

만약 AI가 만들어준 내용이 마음에 들지 않으면 그림 5처럼 직접 노드를 추가하거나 수정해서 내용을 바꿀 수 있다.

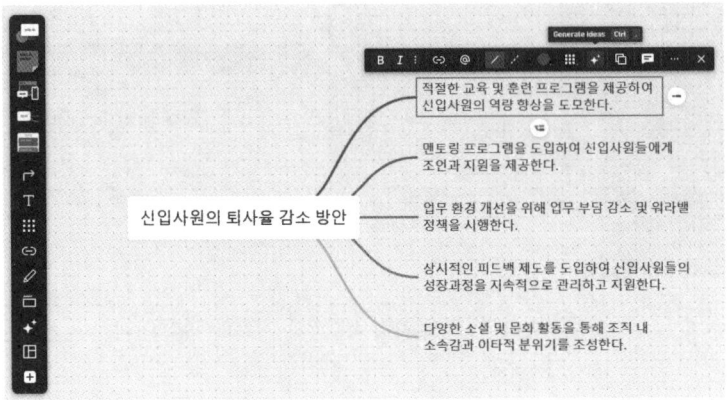

[그림 5] 노드 추가 및 마인드맵 수정

여기서 끝난다면 AI를 사용할 이유가 없다. 그래서 5가지 도출된 아이디어 중 하나의 박스를 클릭하고 다시 별표 메뉴를 클릭하면 다음 단계의 아이디어가 도출(그림 6)된다.

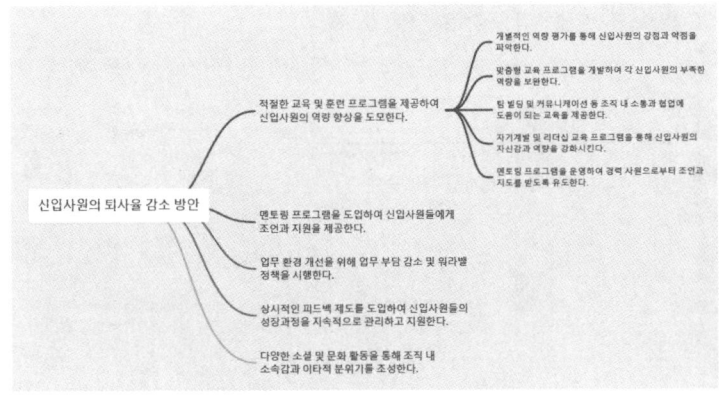

[그림 6] 추가로 만들어지는 마인드맵

이렇게 AI 자동 생성 메뉴를 하나씩 하나씩 다 클릭하면 다음과 같은 마인드맵이 만들어진다. 지금은 2단계까지만 만들었지만, 3~5단계까지도 만들 수 있다.

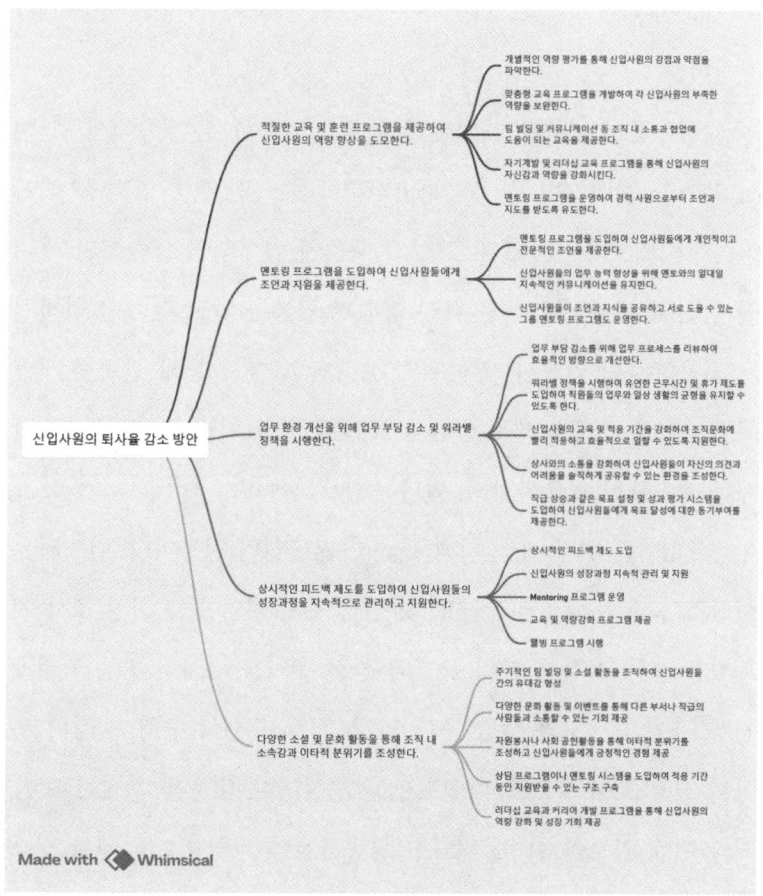

[그림 7] 최종 마인드맵

윔지컬의 또 다른 활용법

마인드맵 AI의 핵심은 하나의 주제를 계속해서 세분화시켜준다는 점이다. 그렇기 때문에 기획 및 보고서의 뼈대를 만들어주는 작업도 가능하지만, 기업의 업무 프로세스를 세분화할 때도 사용이 가능하다.

예를 들어 신제품 개발이란 주제를 입력한 후 계속해서 AI 생성 메뉴를 클릭하면 팀 및 개인 단위에서 어떤 활동(업무)을 해야 하는지를 도출할 수 있다. 그렇기 때문에 아이디어 도출뿐만 아니라 어떤 주제에 대한 구체적인 방법과 활동을 알고 싶다면 윔지컬도 활용해보길 권한다. 일반적인 생성형 AI를 활용해 신제품 개발 프로세스의 단계별 세부 활동을 도출할 수 있지만 윔지컬은 그 단계를 계속해서 세분화할 수 있다는 게 강점이다.

그림 8은 전장 사업 기획 관련 마인드맵의 일부이다. 윔지컬은 시장조사 및 분석 〉 시장규모 및 성장 추이 파악 등 〉 시장 조사 및 분석을 통해 전장 시장의 규모와 성장 추이를 파악한다 등 〉 현재 전장 시장의 규모와 성장 추이 파악, 경쟁사 분석 수행, 시장의 특성과 전망 조사 등으로 마인드맵을 생성했다. 내용을 자세히 보면, 결국 어떤 업무를 할 때 필요한 활동들을 순차적으로 나열한 것을 알 수 있다.

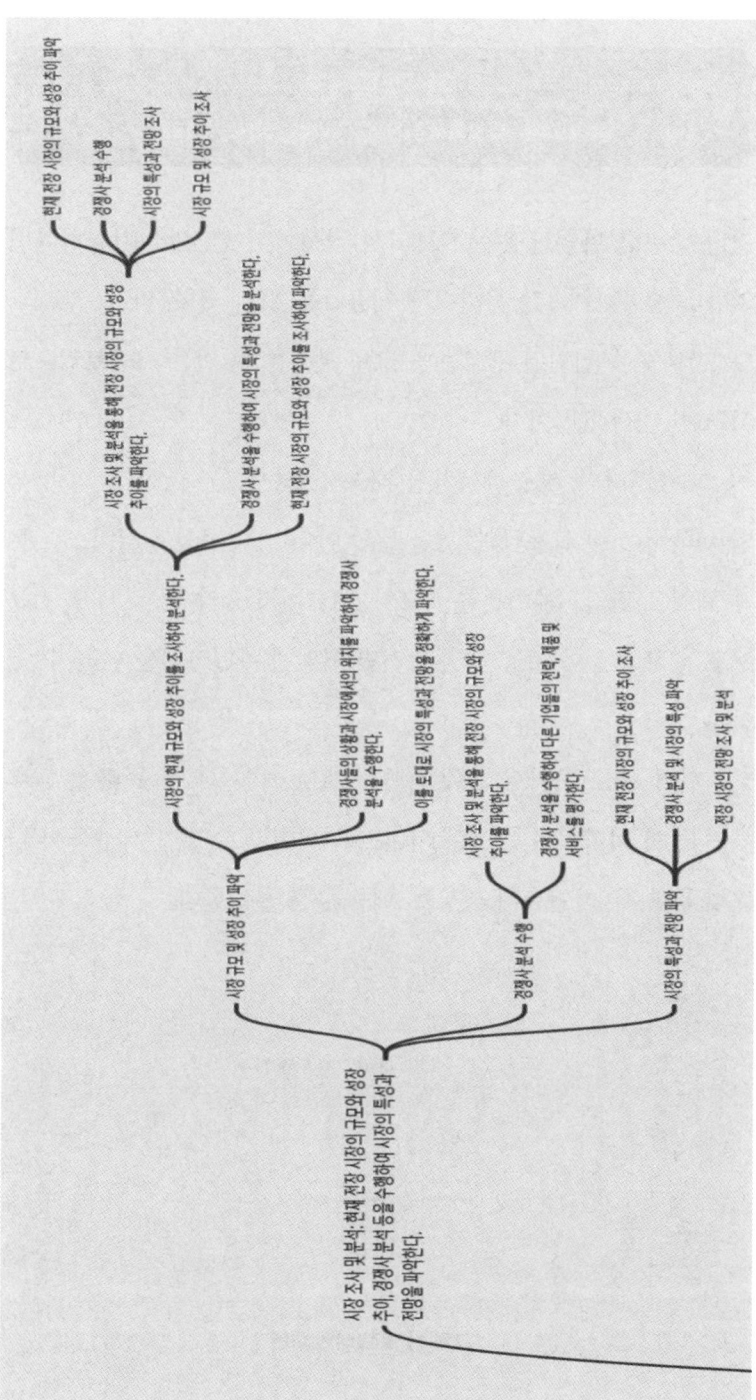

[그림 8] 시장조사 업무의 세분화

한 걸음 더
마인드맵부터 보고서 작성까지 한 번에 만드는 "펠로"

기획을 위한 마인드맵부터 보고서 작성까지 한 번에 가능하다면 얼마나 좋을까? 이런 서비스를 제공하는 AI가 있다. 바로 펠로Felo 다. 2024년에 설립된 펠로는 도쿄에 본사를 둔 일본 스타트업으로 AI 기반 검색 엔진이다.

퍼플렉시티, 젠스파크처럼 챗GPT, 딥시크, 클로드 등의 생성형 AI 서비스를 활용할 수 있을 뿐만 아니라, 에이전트 서비스를 통해 텍스트 번역, 유튜브 영상 요약, 웹페이지 요약, PPT 제작, 전문 보고서 작성 등이 가능하다. 그러면 어떻게 마인드맵을 만들 수 있을까?

먼저, 펠로 사이트 좌측 화면의 펠로 에이전트 메뉴❶를 클릭하면 앞서 이야기한 다양한 서비스를 실행할 수 있는 메뉴들이 나온다. 여기서 '마인드맵 생성기' 메뉴❷를 클릭한다.

[그림 1] 펠로 메인 화면

[그림 2] 에이전트 메뉴 화면

그러면 다음과 같이 마인드맵 생성기라는 화면이 나온다. 검색 창 우측 아래에 보면 생성형 AI 모델을 선택할 수 있는 메뉴❸가 있는데, 기본적으로 클로드 3.7 Sonnet 버전으로 설정되어 있다. 이 책의 앞에서 보고서를 작성할 때 클로드가 논리에 강하다고 이야기했는데, 펠로 또한 클로드 서비스를 활용해 마인드맵을 생성하는 것으로 생각된다.

[그림 3] 마인드맵 생성기 화면

마인드맵을 생성하는 방법은 간단한다. 원하는 주제를 넣고 실행한다. 예를 들어 앞서 실행한 뮤지컬과 같은 주제라면 '신입사원의 퇴사율 감소 방안'을 입력하면 된다. 펠로는 이 명령을 알아듣고, 딥 서치Deep Search를 실행하면서 문제를 이해하고 심층 검색을 진행한다. 검색 시간은 보통 3분 이내다.

[그림 4] 마인드맵 생성기의 딥 서치 진행 화면

검색 후에는 몇 개의 사이트와 언어를 통해 결과를 도출했는지 알려준다. 그림 5의 화면은 20개의 출처와 2개의 언어에 대한 결과다. 검색 결과는 다른 생성형 AI처럼 텍스트로 된 결과를 먼저 제시한 다음 마인드맵을 보여준다.

검색창에 입력한 주제는 '신입사원의 퇴사율 감소 방안'이었는데, 펠로가 주제를 구체화해서 'MZ 세대 신입사원 퇴사율 감소를 위한 효과적인 방안'으로 수정한 뒤 답변 결과를 제시해줬다. 텍스트 답변 결과를 보면, 채용과정 개선, 효과적인 온보딩 프로그램 구

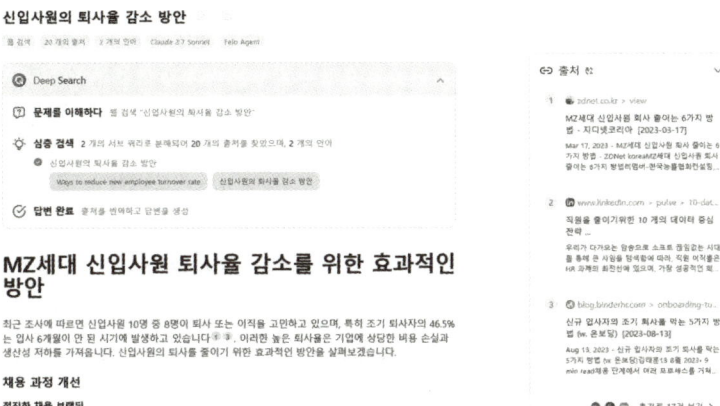

[그림 5] 마인드맵 생성기의 딥 서치 결과

축, 성장 기회와 경력 개발 지원, 긍정적인 조직문화 조성, 웰니스 프로그램 도입, 관리자의 코칭 역할 강화 등으로 방안을 제시했다. 클로드를 활용해서 그런지 답변 결과는 보통 이상으로 실무에서 활용 가능한 수준이다.

MZ 세대 신입사원 퇴사율 감소를 위한 효과적인 방안

최근 조사에 따르면 신입사원 10명 중 8명이 퇴사 또는 이직을 고민하고 있으며, 특히 조기 퇴사자의 46.5%는 입사 6개월이 안 된 시기에 발생하고 있습니다. 이러한 높은 퇴사율은 기업에 상당한 비용 손실과 생산성 저하를 가져옵니다. 신입사원의 퇴사를 줄이기 위한 효과적인 방안을 살펴보겠습니다.

1. 채용 과정 개선

정직한 채용 브랜딩

- 채용 과정에서 회사와 직무에 대해 과장하지 않고 정직하게 소개해야 합니다
- 불합격에 대한 통보를 반드시 해주는 등 기본적인 예의를 지켜야 합니다
- 면접관의 태도와 준비 상태가 회사의 첫인상을 결정합니다

직무 적합성 강화

- 직무에 적합한 인재를 선발하는 것이 중요합니다
- 회사 문화와 가치관에 맞는 인재를 선발하기 위해 행동 면접 질문을 활용하세요

2. 효과적인 온보딩 프로그램 구축

프리보딩 Pre-boarding 활용

- 입사 확정 후 첫 출근 전까지의 기간을 활용하여 긍정적인 경험을 제공합니다
- 개인화된 환영 메시지 전송
- 입사 전 궁금증을 해소할 수 있는 채널 마련
- 필요한 서류 작업을 미리 전자 서명으로 처리

체계적인 온보딩 시스템

- 첫날부터 회사의 미션과 비전, 자신의 역할에 대한 명확한 이해를 제공합니다
- 멘토링 시스템을 도입하여 신입사원의 적응을 돕습니다
- 신입사원 교육 프로그램을 개선하고 지속적으로 업데이트합니다

3. 성장 기회와 경력 개발 지원

명확한 경력 경로 제시
- 직원들에게 성장 가능성과 경력 경로를 명확히 제시합니다
- 정기적인 미팅을 통해 개인의 목표와 회사의 지원 방안을 논의합니다

교육 및 개발 기회 제공
- MZ 세대 신입사원들은 커리어 성장을 중요시하는 경향이 있습니다
- 다양한 교육 프로그램과 자기 개발 기회를 제공합니다
- 신입사원의 경력 개발을 위한 로드맵을 설계하고 진행 상황을 추적합니다

4. 긍정적인 조직문화 조성

인정과 보상 시스템
- 직원들의 성과와 노력을 인정하고 적절히 보상합니다
- 행복한 직원은 평균적으로 12% 더 생산적입니다

열린 커뮤니케이션 문화
- 직원들의 의견을 경청하고 피드백을 반영하는 문화를 조성합니다
- 직원 피드백을 듣고 변화 과정에 직원들을 참여시키는 기업은 인재 유지율이 7배 더 높습니다

워라밸 존중
- 일과 삶의 균형을 존중하는 문화를 조성합니다
- 유연한 근무 환경과 복지 제도를 마련합니다

5. 웰니스 프로그램 도입

종합적인 웰니스 프로그램
- 신체적, 정신적, 감정적, 재정적 웰니스를 포함한 종합적인 프로그램을 제공합니다

- 중소기업 직원의 45%는 웰니스 프로그램이 있으면 더 오래 회사에 남을 것이라고 응답했습니다.
- 웰니스 프로그램에 투자한 1달러당 건강관리 비용 절감만으로도 3.27달러의 투자 수익을 얻을 수 있습니다.

6. 관리자의 코칭 역할 강화

관리자를 코치로 전환

- 관리자가 업무 지시자가 아닌 코치 역할을 수행하도록 합니다.
- 팀 멘탈리티를 가지고 직원들을 지원하는 서번트 리더십을 발휘하도록 합니다.
- 직원들이 목표를 달성할 수 있도록 필요한 자원과 지원을 제공합니다.

(중략 및 마인드맵 결과 생략)

　마인드맵은 다음 그림과 같이 제시해주며, 다시 마인드맵을 생성하거나 마인드맵의 구조나 색을 바꿀 수 있다(그림 6 아래쪽 툴 박스). 다만 윔지컬처럼 마인드맵에 있는 노드 하나하나를 직접 수정할 수는 없다. 위쪽 툴 박스의 순환 화살표를 클릭하면 다시 마인드맵을 만들어준다. 다운로드도 가능하다.

　펠로 마인드맵 생성기는 추가로 아래쪽 툴 박스(✅)의 'AI 도식' 메뉴를 클릭하면 'AI 도식' 메뉴가 '두뇌 아이콘'으로 바뀌면서 마인드맵을 도식화한다.

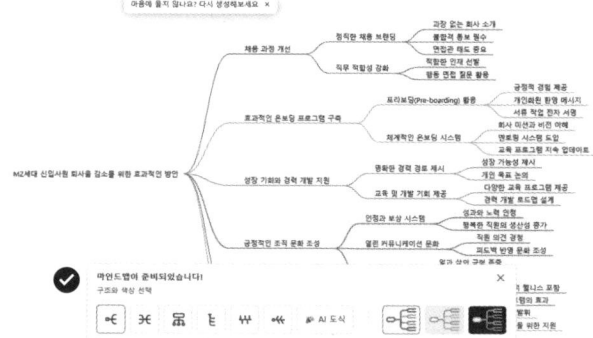

[그림 6] 마인드맵 편집 화면

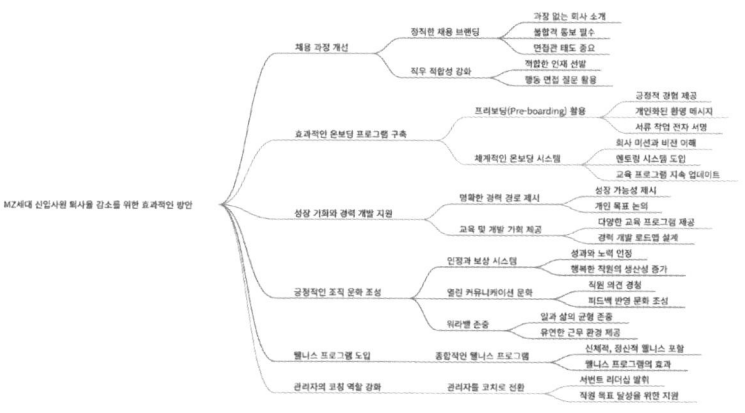

[그림 7] 최종 마인드맵

　　AI 도식 결과는 다음과 같이 네모 박스를 활용해 텍스트를 재배치하는 형태다. 다만 단순히 마인드맵 텍스트를 재배치했다기보다는 보고서의 구조로 서론, 본론, 결론의 구조를 띠고 있다. 그래서 보고서의 전체 흐름을 잡는 기초 자료로 활용이 가능하다.

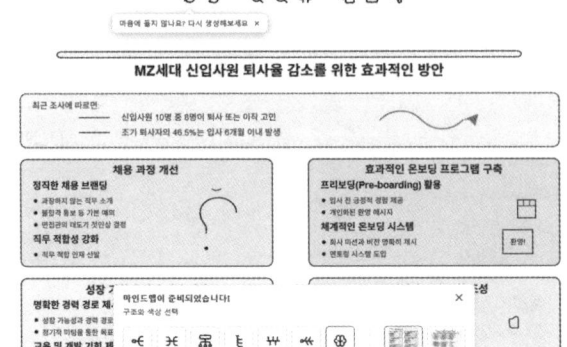

[그림 8] 마인드맵 생성기의 AI 도식 진행 화면

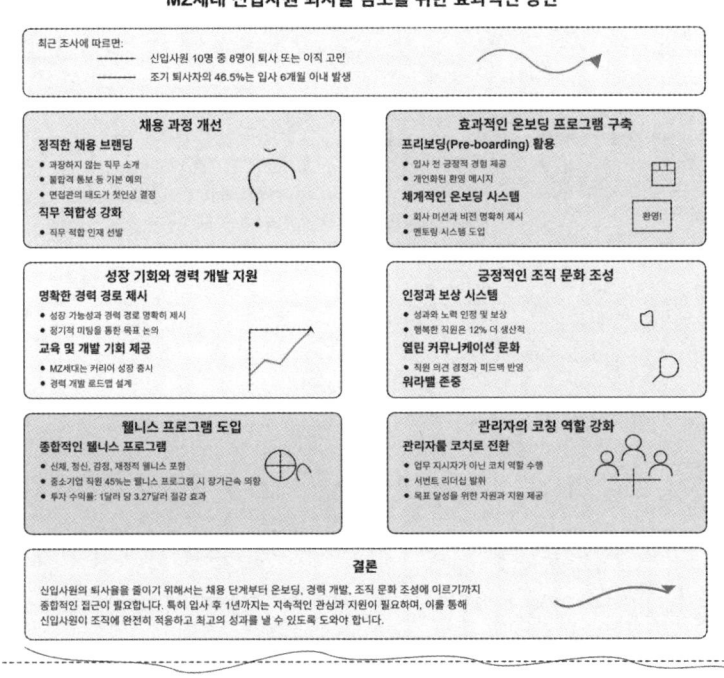

[그림 9] 마인드맵 생성기의 AI 도식 결과

마인드맵 생성 후에는 우측 상단을 보면, 다음과 같이 '프레젠테이션 생성' 버튼이 나온다. 이 버튼을 클릭하면 마인드맵의 텍스트 내용을 PPT 보고서로 전환할 수 있다.

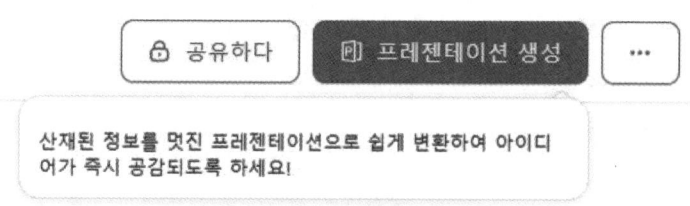

[그림 10] 프레젠테이션 생성 버튼

버튼을 클릭하면 보고서 템플릿 화면이 나오는데, 이때 원하는 템플릿을 선택한다. 이후 우측 상단의 'PPT 생성' 버튼을 클릭하면 AI가 알아서 PPT 보고서를 만들어준다.

[그림 11] 보고서 템플릿 선택 화면

AI가 20페이지 분량의 PPT 보고서를 만들어줬으며, PPT 보고서는 바로 다운로드 가능하다. 완성된 PPT는 템플릿, 배경, 그림, 표 등이 수정 가능하다.

[그림 12] 완성된 PPT 보고서

3장

생성형 AI로 30분 만에 완성하는 보고서 기획서 스토리 구성과 문서 작성 5단계

STEP 1
"피라미드 구조"를 만들어줘

#챗GPT #클로드

당신은 지금

수평적 조직문화 구축 방안 보고서를 작성하려고 한다. 그런데 논리 구조를 잡기가 쉽지 않다. 리더십, 커뮤니케이션, 업무 프로세스 등 다양한 키워드가 머릿속을 떠다니고 있는데, 이를 체계화시키는 게 쉽지 않다. 흔히 말하는 주장, 이유, 근거의 논리가 명확히 떠오르지 않는다. 이것만 설정하면 보고서를 바로 쓸 수 있는데 말이다.

보고서 구조가 막막할 때

논리의 대가인 챗GPT에게 ● **피라미드 구조**라는 용어를 입력해 질문을 하면, 보고서의 뼈대를 잡을 수 있는 논리 구조를 제시해준다. 생성형 AI의 능력을 100% 이상 활용하려면 프롬프트를 구체적으로 잘 입력해야 하는 것이 기본이지만, 어떤 주제에 필요한 기본 개념이나 핵심 방법 또한 알고 있어야 한다. 지금처럼 피라미드 구조라는 개념을 알고 있다면, 보고서의 뼈대를 잡는 일은 그리 어렵지 않다.

달인의 프롬프트

다음은 '피라미드 구조'에 초점을 둔 프롬프트다. ● **대상 + 상황 + 피라미드 구조** 형태로 입력하고, 이를 통해 챗GPT가 해당 주장에 대해 스스로 논리를 만들도록 한다. 주장에 대한 근거의 개수를 지정하지 않는다.

> 우리 회사는 전통 제조업체야. 최근 MZ 세대의 채용 증가에 따라 수평적 조직문화 구축이 필요한 상황이야. 이런 주장에 대한 피라미드 구조를 만들어줘.

> **챗GPT 답변**

좋아, "MZ 세대 채용 증가에 따라 수평적 조직문화 구축이 필요하다"는 주장을 뒷받침하는 피라미드 구조를 만들어볼게. 이 구조는 바버라 민토의 **피라미드 원칙**을 참고해서, 핵심 주장Top, 주요 근거Middle, 구체적 사실Bottom 순으로 구성할게.

핵심 주장Top
MZ 세대 채용 증가에 따라 수평적 조직문화 구축이 우리 조직에 필요하다.

근거 1. MZ 세대는 수평적 커뮤니케이션을 선호한다.
- MZ 세대는 위계보다는 자유로운 소통과 피드백을 중시한다.
- 상명하복식 의사결정 구조에 불만을 느끼고 이직 가능성이 높다.
- 심리적 안정감과 소속감을 수평적 문화에서 찾는다.

근거 2. 수평적 문화는 조직의 혁신과 유연성을 강화한다.
- 직급보다 역할 중심으로 협업하면 아이디어가 다양하게 나온다.
- 변화 대응이 빠르고, 젊은 인재의 창의성과 자율성을 끌어낼 수 있다.
- 디지털 전환과 같이 유연한 실행이 필요한 시대적 흐름과 맞는다.

근거 3. 기존 위계 중심 문화는 세대 간 갈등을 유발하고 생산성을 저해한다.
- 기성세대와 MZ 세대 간의 업무 방식, 커뮤니케이션 방식의 차이로 갈등 발생
- 갈등은 조직 내 소외감, 이직률 증가, 몰입도 저하로 이어진다
- 변화하지 않으면 인재 확보와 유지가 어려워짐

챗GPT가 바바라 민토의 '피라미드 구조'라는 개념을 알고 그에 맞게 답변을 제시했다. 커뮤니케이션, 조직혁신, 생산성 측면에서 주장, 근거, 사실을 순서대로 알려줬다. 이런 구조가 제시되면 보고서의 기본 뼈대는 쉽게 잡을 수 있다. 만약 각 근거에 대한 추가 내용이 필요하면 하나씩 다시 묻는다. 예를 들어 근거 1의 "MZ 세대는 수평적 커뮤니케이션을 선호한다는 내용에 대해 구체적으로 제시해줘" 혹은 "관련 사례나 예시를 알려줘"라고 질문한다.

사용자가 구조를 제시하는 프롬프트

앞서 본 프롬프트가 기본 개념을 중심으로 했다면, 이번 프롬프트는 보고서 작성자가 스스로 그 구조를 구체적으로 제시하는 프롬프트다. 주장, 관점, 이유, 근거, 사례의 논리 구조를 설정하고 각각의 개수까지 지정한다. 앞의 프롬프트 답변보다 더 구체적이고 논리적인 답변을 얻을 수 있다.

> 우리 회사는 전통 제조업체야. 최근 MZ 세대의 채용 증가에 따라 수평적 조직문화 구축이 필요한 상황이야. 이런 주장에 대한 피라미드 구조를 만들어줘.
> - 주장 → 관점(3개) → 이유(3개) → 근거(2개) → 사례(2개)의 논리 구조 유지
> - 로직트리 형태로 제시

 **챗GPT 답변**

주장: MZ 세대의 채용 증가에 따라 수평적 조직문화 구축이 필요하다

1. **관점 1: MZ 세대는 자율성과 소통을 중시한다**
   - **이유 1.1**: 수직적 구조는 개인의 창의성과 자율성을 억압함
     - **근거 1.1.1**: 수직적 명령 체계는 위계에 따라 의사결정이 느림
     - **근거 1.1.2**: 창의적 아이디어가 위로 올라가기 어렵고 묵살되기 쉬움
     - **사례 1.1.1**: A제조사, 수직적 구조 유지하다 MZ 직원 대거 퇴사
     - **사례 1.1.2**: B사, 팀 단위 수평 구조 도입 후 직원 제안 건수 3배 증가
   - **이유 1.2**: 자유로운 소통 환경은 세대 간 갈등을 줄여줌
     - **근거 1.2.1**: 상호 존중 기반의 커뮤니케이션이 가능
     - **근거 1.2.2**: 직급 간 심리적 거리 감소로 업무 효율 증대
     - **사례 1.2.1**: C사, 호칭 파괴 이후 신입과 임원 간 협업 증가
     - **사례 1.2.2**: D사, 소통 워크숍 정례화 후 이직률 30% 감소
   - **이유 1.3**: 수평적 문화는 피드백 문화를 강화함
     - **근거 1.3.1**: 상호 피드백이 가능해 성과 개선이 용이
     - **근거 1.3.2**: 리더십이 지시보다 코칭 중심으로 변화함
     - **사례 1.3.1**: E사, 정기 피드백 제도 도입 후 만족도 상승
     - **사례 1.3.2**: F사, 코칭 기반 리더십 도입 후 팀 생산성 향상

2. **조직의 유연성과 경쟁력이 강화된다**
   - **이유 2.1**: 빠른 의사결정이 가능해 시장 대응력이 높아짐
     - **근거 2.1.1**: 권한 위임으로 실무자 주도 실행 가능
     - **근거 2.1.2**: 현장 중심 의사결정으로 실행 속도 향상

- **사례 2.1.1**: G사, 팀장급 의사결정권 부여 후 제품 출시 주기 단축
- **사례 2.1.2**: H사, 수평적 회의체 도입으로 협업 속도 2배 증가
• **이유 2.2**: 변화에 유연하게 적응할 수 있는 조직으로 전환
- **근거 2.2.1**: 다양한 시각의 수렴이 가능

3: 조직 구성원의 몰입도와 만족도가 증가한다
• **이유 3.1**: 개인이 존중받는 문화는 심리적 안정감을 높임
- **근거 3.1.1**: 위계보단 역할 중심의 문화가 자기효능감 향상
- **근거 3.1.2**: 직원 의견이 반영되는 구조로 조직 신뢰도 상승
- **사례 3.1.1**: M사, 익명 제안 제도 정착 후 몰입도 지표 20% 상승
- **사례 3.1.2**: N사, 팀별 목표 공유 문화로 이직률 감소
• **이유 3.2**: 업무에 대한 주인의식이 강화됨
- **근거 3.2.1**: 자율성은 책임감을 동반함

챗GPT가 질문의 의도대로 관점 1, 이유 1.1, 근거 1.1.1, 사례 1.1.1 형태로 답변을 했다. 큰 틀에서 보면 MZ 세대의 자율성과 소통, 조직의 유연성과 경쟁력, 조직 구성원의 몰입도와 만족도 관점에서 수평적 조직문화 구축에 대한 논리를 전개했다. 논리에 강한 클로드 또한 세대 간 조직문화 인식 차이, 혁신과 생산성 향상, 인재 유치 및 유지 관점에서 수평적 조직문화 구축의 필요성을 제시했다.

> 클로드 답변

수평적 조직문화 구축의 필요성에 대한 로직트리

주장: 전통 제조업체는 MZ 세대 채용 증가에 따라 수평적 조직문화 구축이 필요하다

관점 1: 세대 간 조직문화 인식 차이
- **이유 1-1**: MZ 세대는 위계질서보다 존중과 소통을 중시한다
  - **근거 1-1-1**: 설문조사에 따르면 MZ 세대 구직자의 78%가 수평적 의사소통을 중요한 직장 선택 요소로 꼽음
  - **근거 1-1-2**: MZ 세대의 이직 사유 중 '경직된 조직문화'가 상위 3위 내 포함됨
  - **사례 1-1-1**: 현대자동차는 직급체계 간소화와 호칭 문화 개선으로 MZ 세대 이직률 15% 감소 성과
  - **사례 1-1-2**: LG전자의 '역멘토링' 프로그램을 통해 MZ 세대가 경영진에게 조직문화 개선점 제안하는 제도 성공적 운영

관점 2: 혁신과 생산성 향상
- **이유 2-1**: 수평적 문화는 구성원의 자율성과 창의성을 증진시킨다

관점 3: 인재 유치 및 유지
- **이유 3-1**: 수평적 조직문화는 우수 인재 확보의 경쟁력이 된다

챗GPT와 일부 관점이 다르지만, 챗GPT와 클로드의 답변을 결합시키면 수평적 조직문화 구축 주장에 대한 논리로 보고서 초안을 작성하는 데는 시간이 많이 걸리지 않을 것이다.

수평적 조직문화 구축이 필요하다는 보고서를 발표해야 한다면 당황할 것 없다. 챗GPT에 "위의 피라미드 구조 내용을 발표 대본으로 만들어줘"라고 하면 어떻게 말해야 할지를 바로 알 수 있다. 보통 스스로 논리를 개발했다면 발표 또한 어렵지 않을 것이다. 하지만 생성형 AI의 힘을 빌렸다면, 발표도 생성형 AI의 도움을 받아 위의 논리를 어떤 흐름으로 말해야 되는지를 공부하면 된다.

 챗GPT 답변

물론이지! 아래는 제일 처음 작성했던 피라미드 구조(주장-관점-이유-근거-사례)에 기반한 **발표 대본**이야.

대상은 임원진이나 조직문화 개선을 논의하는 사내 회의 발표 상황을 가정했어.

길이는 약 2~3분 분량이야.

발표 대본:

"MZ 세대 채용 증가에 따른 수평적 조직문화 구축의 필요성"

안녕하십니까,

오늘은 **MZ 세대의 채용 증가에 따라 우리 조직에 왜 수평적 조직문화 구축이 필요한가**에 대해 말씀드리겠습니다.

먼저, **핵심 주장**은 이렇습니다.

▶ "MZ 세대 채용 증가에 따라 수평적 조직문화 구축이 필요하다"는 것입니다.

왜일까요?

크게 **3가지 관점**에서 말씀드릴 수 있습니다.

첫째, MZ 세대는 수평적 커뮤니케이션을 선호합니다.

MZ 세대는 지시를 따르는 방식보다는 자유롭고 즉각적인 피드백을 중요하게 생각합니다.

셋째, 기존 위계 중심 문화는 세대 간 갈등을 심화시키고 조직의 몰입도를 저해합니다.

소통 방식과 기대치의 차이로 인해, **MZ 세대는 고립감을 느끼며 조직 이탈로 이어지는 경우가 많습니다.**

▶ 실제로 대기업 D사는 MZ 세대와의 갈등 문제로 조직문화를 개편하고 소통 강화 TF를 신설한 바 있습니다.

▶ **일본의 E사**는 연공서열 중심의 문화를 유지하다 젊은 인재의 이탈을 경험했습니다.

정리하자면, **수평적 조직문화는 더 이상 선택이 아니라 필수입니다.**

MZ 세대와 함께 미래를 준비하기 위해, 지금이 변화를 추진할 최적의 시기입니다.

감사합니다.

위의 내용을 바로 로직트리로 만들고 싶다면, 다음과 같이 프롬프트를 입력하면 된다.

주장-관점-이유-근거-국내외 사례순으로 피라미드 구조를 만들어줘
- 시각화된 이미지로 제시

그러면 다음과 같이 피라미드 구조가 만들어진다. 하지만 로직트리 형태를 띤 피라미드 구조는 아니다. 또한 오탈자가 많기 때문에 로직트리 시각화는 요청하지 않는 게 좋다. 오탈자 수정을 요청해도 텍스트가 많으면 오탈자가 제대로 수정되지 않는 경우가 많다.

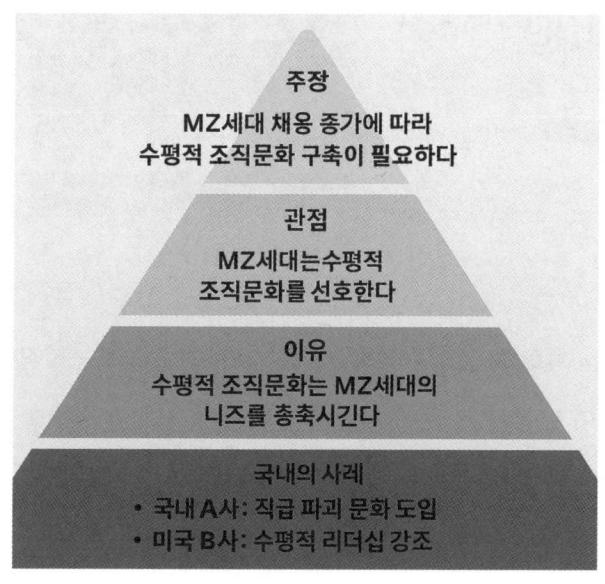

[그림 1] 챗GPT가 생성한 이미지(원본)

달인의 킥
"감마"로 PPT 보고서 초안 만들기

감마Gamma는 보고서를 작성해주는 최고의 AI 중 하나다. PPT 보고서뿐만 아니라 워드 문서 작성도 가능하다. 뤼튼, 슬라이드고처럼 다양한 문서작성 AI가 있지만 감마는 다른 AI 대비 스토리 구성, 콘텐츠, 텍스트의 구조화, 이미지 배치 및 구성 측면에서 뛰어나다. 구글에서 감마를 검색하면, "AI로 빠르게 프레젠테이션, 웹사이트 등을 제작하세요"라며 사이트를 주소를 알려준다.

[그림 1] 감마 메인 화면

감마 무료 회원가입을 하면 그림 2와 같이 바로 문서작업을 위한 화면이 나온다. 기존에 작업을 했다면 우측 화면에는 기존 작업의 결과물이 보인다. AI로 문서를 만들고 싶다면 바로 우측 상단의 '새로 만들기 AI' 메뉴를 클릭한다. 이후 'AI로 만들기 화면'이 나오면 여기서 가운데 있는 '생성' 이미지를 클릭한다.

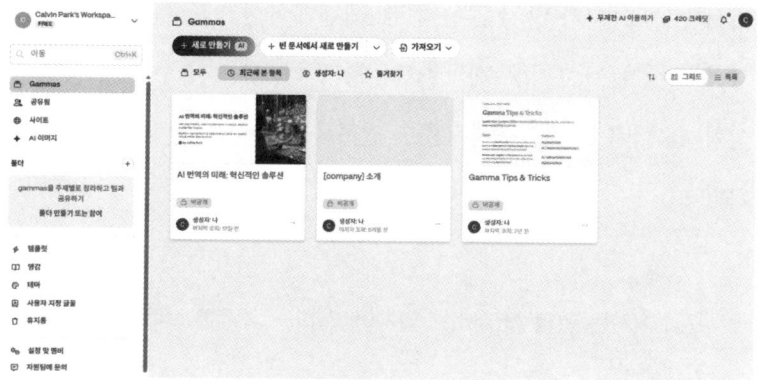

[그림 2] 감마 작업 메뉴

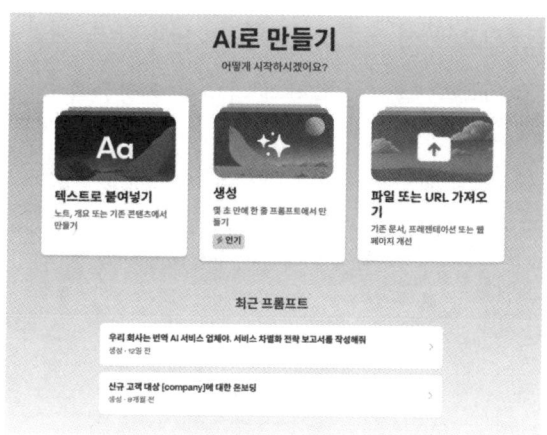

[그림 3] AI로 만들기 화면

'생성' 화면의 보고서 작성 옵션에는 카드 개수, 텍스트 구성, 언어 등이 있다. 텍스트 구성은 기본, 일반적 등이 있다. '기본'은 캐주얼한 프레젠테이션에 적합하며, '일반적'은 파워포인트, 구글 슬라이드에 내보내기 위한 표준 크기다. 기본이나 일반적이나 내용에서는 큰 차이가 나지 않는다. '프레젠테이션' 메뉴를 클릭하고 작성하고 싶은 보고서 주제를 입력(✓)한다. 보고서 주제는 일반 생성형 AI 서비스처럼 구체적으로 입력하지 않고 간단하게 입력하면 된다.

> 우리 회사는 번역 AI 서비스 업체야. 서비스 차별화 전략 보고서를 작성해줘.

그러면 '개요 생성'이란 버튼(→)이 나타나며, 해당 버튼을 클릭하면 AI가 알아서 보고서 목차와 내용을 구성한다.

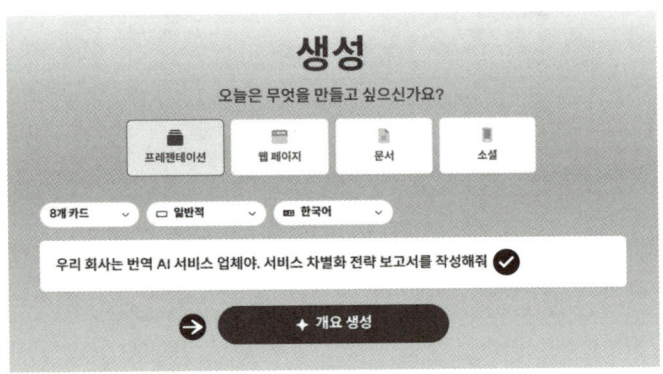

[그림 4] 생성 화면에서 주제 입력

AI가 표지를 포함해 8장의 슬라이드를 구성해주며, 각 슬라이드에 들어가는 내용도 제시한다. 해당 슬라이드의 구성이나 내용은 수정이 가능하다.

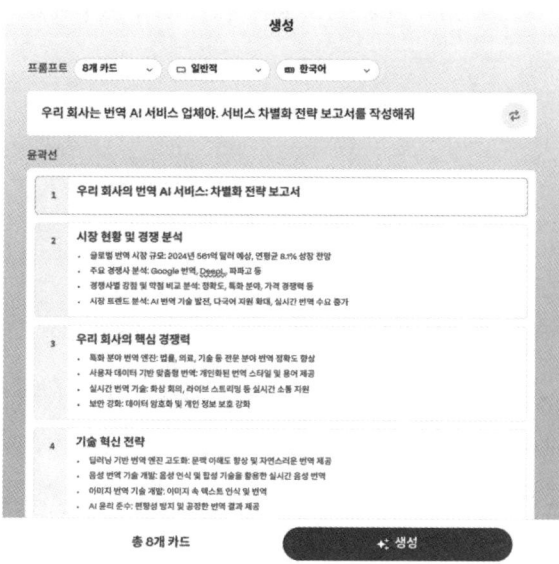

[그림 5] AI가 만든 PPT 슬라이드 목차와 내용

개요 생성 화면 아래에는 PPT 테마, 콘텐츠를 설정하는 화면이 나온다. 원하는 테마를 선택하고 텍스트의 양, 이미지 출처(AI, 웹, 기타 등) 등을 선택한 후 '생성' 버튼을 클릭한다.

[그림 6] PPT 테마 및 콘텐츠 옵션 변경

AI가 스스로 PPT 8장을 구성하며, 보고서 작업에는 1분도 걸리지 않는다.

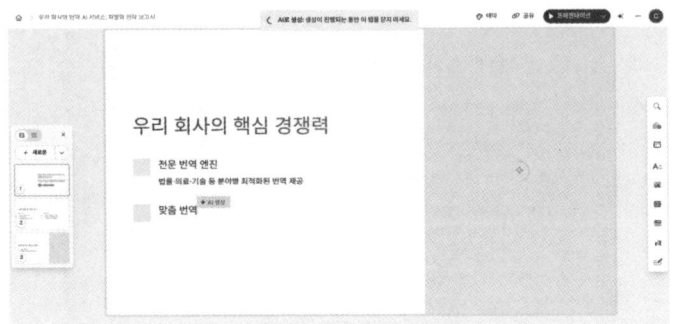

[그림 7] AI PPT 제작 화면

만들어진 PPT 보고서는 우측 화면의 툴바를 이용해 그림 8처럼 이미지나 텍스트 등의 편집이 가능하다. 우측 상단의 프레젠테이션 메뉴 옆에 있는 별표를 누르면 AI를 활용해 자동으로 텍스트나 이미지를 수정할 수 있다.

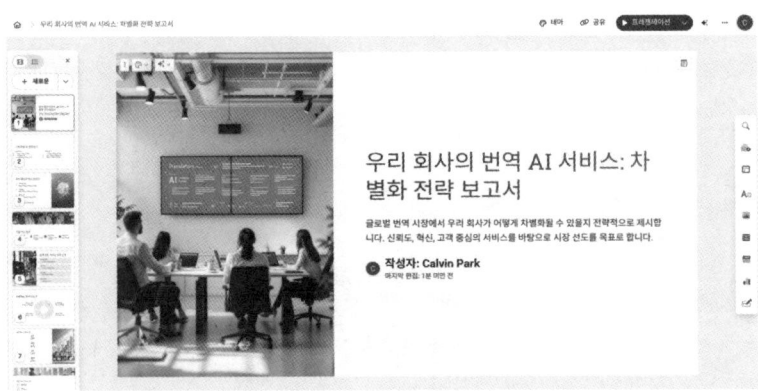

[그림 8] PPT 보고서 편집 화면

또한 무료 회원이라도 PPT, PDF 파일로 다운로드가 가능하다. 파일 다운로드는 우측 상단의 '⋯' 버튼을 클릭하면 다양한 메뉴들이 나온다. 여기서 '내보내기'를 클릭하면 파일 다운로드가 가능한 화면이 나온다.

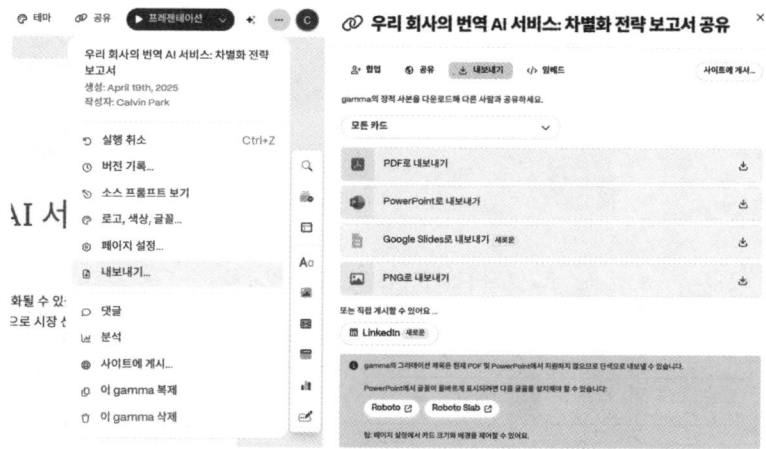

[그림 9] 내보내기 화면(좌)과 파일 다운로드 화면(우)

PPT 보고서를 보면, 뤼튼이나 슬라이드고와 달리 PPT의 구성이 단순히 텍스트 입력만 하지 않았다는 것을 알 수 있다. 동일 주제라고 해도 다른 형태의 PPT 보고서가 만들어지기 때문에 이를 잘 활용하면 PPT 보고서 작성을 위한 다양한 아이디어를 얻을 수 있다.

[그림 10] 감마가 만드는 PPT 보고서

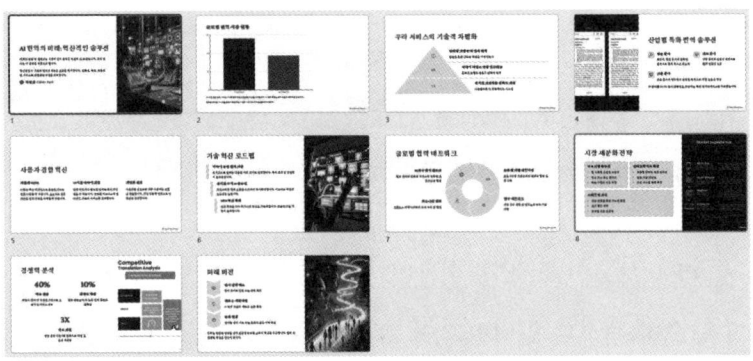

[그림 11] 동일 주제의 또 다른 PPT 보고서

국내 생성형 AI 서비스인 뤼튼 또한 PPT 초안을 만들어준다. 감마와 동일한 주제로 PPT 초안을 요청했을 때, 다음과 같이 보고서 목차(11장의 슬라이드)를 구성해준다.

구분	목차	구분	목차
1	회사 소개 및 비전	7	고객 경험 개선 방안
2	번역 AI 서비스 개요	8	가격 전략 및 가치 제안
3	시장 분석 및 경쟁 현황	9	마케팅 및 홍보 전략
4	고객 요구사항 및 트렌드	10	성과 측정 및 피드백 시스템
5	서비스 차별화 전략 개요	11	결론 및 향후 계획
6	기술적 차별화 요소		

각 슬라이드에는 추천 내용, 예시 내용, 레이아웃과 이미지 제안 항목을 제시해줘, PPT 보고서를 어떻게 구성해야 할지를 알려준다.

 뤼튼 답변

(시장 분석 및 경쟁 현황)

- 추천 내용 : 시장 규모, 성장률, 주요 경쟁사 분석
- 예시 내용 : 2023년 글로벌 번역 시장 규모는 약 500억 달러로 예상되며, 연평균 성장률은 7%입니다. 주요 경쟁사로는 Google Translate, DeepL, Microsoft Translator가 있으며, 이들의 강점과 약점을 분석합니다.
- 레이아웃과 이미지 제안 : 시장 데이터 그래프와 경쟁사 비교 차트를 포함. 배경은 시장 관련 이미지.

[그림 12] 뤼튼의 PPT 보고서 초안 결과물

STEP2
"심층 리서치"를
실행해줘

#챗GPT #제미나이 #젠스파크 #그록

당신은 지금

단시간 내에 AI 기술을 활용한 패션 산업의 신사업을 발굴해야 한다. 증권사 산업분석 보고서, 구글 검색, 내부 보고서 등을 다 읽어봤지만 시간이 너무 부족하다. 패션 산업 트렌드가 워낙 빠르게 돌아가다 보니 최신 보고서라고 해도 최근 기술 동향 분석 보고서 내용은 많지 않다. 단순 사업 아이템 발굴이 아니라 패션 산업 전반의 내용이 보고서에 담겨야 해서 분량도 만만치 않다.

생성형 AI의 리서치 능력 진화: 깊이와 분량 두 마리 토끼를 잡다

생성형 AI는 초창기만 해도 A4 기준 보통 30~40% 정도의 분량만 답변이 가능했다. 그러다 보니 깊이 있는 보고서를 원하는 기획 파트에 있는 사람들은 짧은 분량에 실망도 했다. 분량이 많지 않다 보니 내용의 깊이도 떨어졌다. 하지만 지금의 생성형 AI에는 심층 리서치, 딥리서치 등 다양한 용어로 깊이 있는 보고서를 작성해주는 기능이 추가되었다. A4 3~4장 정도가 아닌 10~20장 이상의 보고서가 10~20분 내에 작성된다. 게다가 출처까지 다 적혀 있어 해당 내용이 정확한지를 바로 확인할 수도 있다. 다수의 생성형 AI를 이용해 나온 결과물을 조합만 해도 1시간 내에 40~50장 분량의 보고서는 거뜬히 작성할 수 있다.

달인의 프롬프트

챗GPT는 질문 창 하단에 심층 리서치, 퍼플렉시티는 연구, 제미나이는 영어로 Deep Research, 코파일럿은 Think Deeper, 그록 또한 DeepSearch, DeeperSearch라는 기능이 있다. 젠스파크는 딥리서치라는 메뉴가 있다. 프롬프트는 ● **업체 정보 + 목적 + 상황 + 보고서 주제** 형태로 입력한다.

> MZ 세대를 타깃으로 하는 패션업체야. 수익모델 다변화 및 제품 서비스 차별화를 위해 AI 기술을 활용한 패션업체의 신사업 전략을 수립해줘.

챗GPT의 경우, 다음과 같이 심층 리서치를 요청하면 다양한 자료를 탐색한다. 다른 생성형 AI 서비스도 마찬가지다.

[그림 1] 심층 리서치 진행

챗GPT는 7분 동안 26개의 자료를 검토했고 약 20페이지 내외의 보고서를 완성했다. 구성을 보면 개요, 패션 산업에 있어 AI 기술, AI 기반 신사업 아이디어 등이 있다.

 **챗GPT 답변**

MZ 세대 대상 패션기업의 AI 활용 신사업 전략

소개: MZ 세대(밀레니얼 + Z세대)는 디지털 환경에 익숙하고 개인화된 경험을 중시하는 소비층입니다. 패션 소비 행태를 보면 약 88%가 온라인을 통해 옷을 구매하며, 무신사와 지그재그 같은 패션 플랫폼을 활발히 이용합니다. 이들은 의류 구매 시 디자인과 핏을 최우선으로 여기고 브랜드를 덜 중시하는 **합리적 소비 패턴**을 보이는데, 이는 곧 좋은 상품 기획과 **개인 취향에 맞는 경험제공**이 중요함을 의미합니다. 따라서 MZ 세대를 타깃으로 하는 패션업체는 **AI 기술**을 활용하여 **새로운 사업 기회**를 모색하고, **수익 모델 다변화**와 **제품·서비스 차별화**를 달성해야 합니다. 아래에서는 적용 가능한 AI 기술과 신사업 아이디어를 제안하고, 각각의 수익 모델, 차별화 방안, 사례 및 성공요인, 리스크와 대응책을 종합적으로 살펴보겠습니다.

1. 패션 분야에 적용 가능한 AI 기술

패션업에서 활용할 수 있는 대표적인 **인공지능AI 기술**로는 다음과 같습니다:

추천 시스템 및 개인화 엔진: 대량의 고객 행동 데이터를 머신러닝으로 분석하여 **개인 맞춤 상품 추천**이나 코디 제안을 제공하는 기술입니다. 예를

2. AI 기반 신사업 아이디어 제안

앞서 언급한 기술들을 토대로, MZ 세대를 겨냥한 패션업체가 시도할 수 있는 **신사업 아이디어**를 제안합니다. 각 아이디어는 **새로운 고객가치 제공**과

수익 모델 확장을 목표로 하며, 동시에 **제품·서비스의 차별화**를 꾀합니다.

2.1 AI 기반 커스터마이징 패션 플랫폼

아이디어 개요: 소비자가 AI와 함께 자신만의 패션 아이템을 디자인하거나 커스터마이징할 수 있는 플랫폼을 구축합니다. 예를 들어 **사용자**

3. 수익 모델 다변화 방안

위 신사업 아이디어들을 통해 패션기업은 기존 **의류 판매 수익 외에 다양한 수익 모델**을 확보할 수 있습니다. 이를 정리하면 다음과 같습니다:

구독형 서비스 수익: AI 스타일리스트 서비스나 커스터마이징 플랫폼에서 **프리미엄 멤버십**을 도입해 정기 구독료 수익을 창출할 수 있습니다. 구독

4. 제품 및 서비스 차별화 전략

AI를 활용한 신사업을 전개할 때, **시장의 경쟁 속에서 두드러지기 위한 차별화 전략**도 함께 고려해야 합니다. MZ 세대에게 어필할 수 있는 차별화 포인트와 실행 방안을 정리하면 다음과 같습니다:

초개인화된 고객 경험: 앞서 여러 차례 언급했듯, 개인화Personalization는 MZ 세대 마케팅의 핵심 키워드입니다. AI를 통해 **고객 한 명 한 명의 취향,**

챗GPT는 질문 자체가 너무 두루뭉술하면 질문을 구체화하기 위한 답변을 제시한다. 예를 들어 "MZ 세대를 타깃으로 하는 패션업체야. AI 기술을 활용한 패션업체의 신사업 전략을 수립해줘"라고 하면 챗GPT는 다음과 같이 세부 정보를 요청한다.

 챗GPT 답변

AI 기술을 활용한 신사업 전략 수립을 위해 아래 정보를 조금만 더 알려주실 수 있을까요?
현재 브랜드의 제품 카테고리(예: 스트리트웨어, 캐주얼, 뷰티 포함 여부 등)
주요 유통 채널(온라인 D2C, 편집숍, 오프라인 매장 등)
신사업의 목표(예: 고객 확장, 제품 차별화, 수익 모델 다변화 등)
활용을 고려하는 AI 기술 (예: 생성형 AI, 추천 알고리즘, 가상 피팅, AI 디자인 등)
경쟁사나 벤치마킹하고 싶은 사례가 있는지
이 정보들을 알면 MZ 세대 특성과 시장 트렌드를 반영한 더욱 구체적이고 설득력 있는 전략을 제안드릴 수 있어요.

챗GPT와 달리 제미나이는 사전 조사를 바탕으로 연구계획을 먼저 제시한다. 연구결과가 마음에 들면 바로 연구시작을 진행하고, 그렇지 않으면 연구계획을 수정해 원하는 답변을 이끌어낼 수 있다.

> **MZ세대 패션 AI 전략**
>
> 🔗 연구 웹사이트
>
> MZ 세대를 타깃으로 하는 패션업체야. 수익모델 다변화 및 제품 서비스 차별화를 위해 AI 기술을 활용한 패션업체의 신사업 전략을 수립해줘
> (1) MZ세대의 패션 소비 트렌드 및 특징을 분석하고, 이들이 AI 기술에 대해 갖는 인식과 수용도를 조사합니다.
> (2) 국내외 패션 업계에서 AI 기술을 활용하여 수익 모델을 다변화하거나 제품 및 서비스를 차별화한 성공 사례를 탐색합니다.
> (3) AI 기반의 개인 맞춤형 스타일 추천, 가상 피팅, 패션 디자인 생성 등 MZ세대가 선호할 만한 새로운 제품 또는 서비스 아이디어를 발굴합니다.
> (4) 발굴된 아이디어를 바탕으로, 기술적 실현 가능성, 시장 경쟁력, 수익성 등을 종합적으로 고려하여 신사업 전략의 우선순위를 결정합니다.
> (5) 각 신사업 전략별로 구체적인 실행 계획, 필요한 기술 및 인프라, 예상되는 투자 비용 및 수익을 분석합니다.
> (6) AI 기술 도입 및 신사업 추진 과정에서 발생할 수 있는 잠재적인 위험 요소와 윤리적 문제점을 파악하고, 이에 대한 대응 방안을 모색합니다.
> (7) 경쟁 패션 브랜드의 AI 기술 활용 사례 및 신사업 전략을 분석하여, 차별화된 경쟁 우위를 확보할 수 있는 방안을 모색합니다.
> (8) MZ세대 패션 플랫폼 및 커뮤니티를 분석하여, AI 기반의 신규 서비스 홍보 및 고객 유입 전략을 수립합니다.
>
> ☰ 결과 분석
>
> 📄 보고서 생성
>
> ⏱ 몇 분 후 완료
>
> [계획 수정] [연구 시작]

[그림 2] 제미나이 연구계획

제미나이는 약 20페이지 내외의 보고서를 완성했다. 걸린 시간은 대략 10분 정도이며, 50개 이상의 국내외 사이트를 검토했다.

그림 3 우측 상단에 'Docs로 내보내기' 버튼을 클릭하면 그림 4처럼 문서를 편집하고 다양한 유형의 파일로 저장할 수 있는 화면을 볼 수 있다.

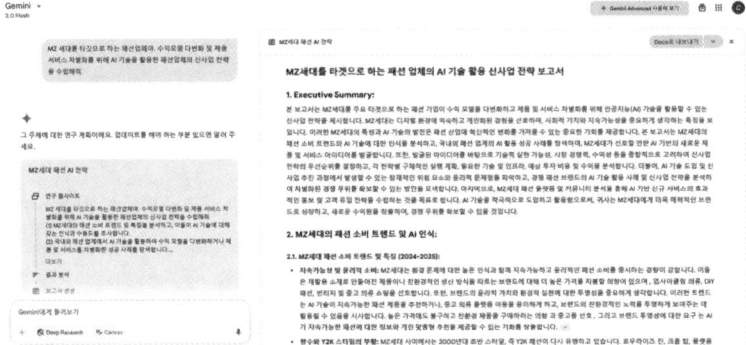

[그림 3] 제미나이 심층 리서치 결과

제미나이는 Executive Summary, MZ 세대의 패션 소비 트렌드 및 AI 인식, 패션 산업의 AI 현황: 글로벌 개요, MZ 세대를 위한 새로운 AI 기반 비즈니스 기회 발굴, AI 기반 신사업 전략의 우선순위 결정, 우선순위가 높은 전략에 대한 구체적인 실행 계획 등의 목차로 보고서를 구성했다. 답변의 내용 또한 챗GPT보다 뛰어났다.

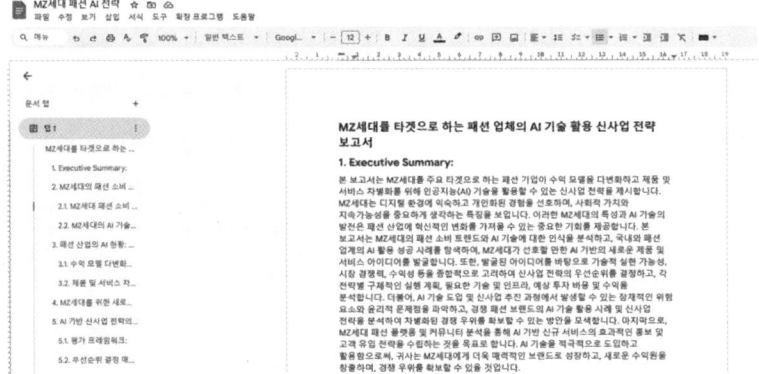

[그림 4] 제미나이 심층 리서치 편집 화면

제미나이 심층 리서치 보고서

MZ 세대를 타깃으로 하는 패션 업체의 AI 기술 활용 신사업 전략 보고서

1. Executive Summary:

본 보고서는 MZ 세대를 주요 타깃으로 하는 패션 기업이 수익 모델을 다변화하고 제품 및 서비스 차별화를 위해 인공지능AI 기술을 활용할 수 있는 신사업 전략을 제시합니다. MZ 세대는 디지털 환경에 익숙하고 개인화된 경험을 선호하며, 사회적 가치와 지속가능성을 중요하게 생각하는 특징을 보입니다. 이러한 MZ 세대의 특성과 AI 기술의 발전은 패션 산업에 혁신적

니다. AI 기술을 적극적으로 도입하고 활용함으로써, 귀사는 MZ 세대에게 더욱 매력적인 브랜드로 성장하고, 새로운 수익원을 창출하며, 경쟁 우위를 확보할 수 있을 것입니다.

2. MZ 세대의 패션 소비 트렌드 및 AI 인식:

2.1. MZ 세대 패션 소비 트렌드 및 특징(2024-2025):

- **지속가능성 및 윤리적 소비:** MZ 세대는 환경 문제에 대한 높은 인식과 함께 지속가능하고 윤리적인 패션 소비를 중시하는 경향이 강합니다. 이

품을 구매하려는 의향1과 중고품 선호1, 그리고 브랜드 투명성에 대한 요구3는 AI가 지속가능한 패션에 대한 정보와 개인 맞춤형 추천을 제공할 수 있는 기회를 창출합니다. (중략)

참고 자료

1. Gen Z Fashion: 14 Fashion Trends in 2025 | Printful, 4월 4, 2025에 액세스, https://www.printful.com/blog/gen-z-fashion
2. Top 15 Gen Z Fashion Trends That Define You in 2025, 4월 4, 2025에 액세스, https://glance.com/us/blogs/glanceai/ai-shopping/gen-z-fashion-trends-2025-unapologetically-bold-ecologically-lit-and-totally-you
3. Gen Z Fashion Trends: What's Popular In 2025 | Analyzify, 4월 4, 2025에 액세스, https://analyzify.com/hub/gen-z-fashion-trends (중략)

젠스파크 또한 목차 구성에서 다른 생성형 AI와 크게 차이가 나지 않았다. MZ 세대 패션 소비 트렌드 분석, AI 기술의 패션 산업 적용 현황, 수익모델 다변화를 위한 AI 기반 전략, 제품 및 서비스 차별화를 위한 AI 활용 방안 등으로 목차를 제시했다. 다만 줄글 형태가 아닌 짧은 요약형태로 보고서를 작성했다. 참고로 매번 이렇게 요약형태의 보고서를 작성하지는 않는다.

 젠스파크 답변

에이전틱 딥리서치

MZ 세대를 타깃으로 하는 패션업체의 AI 기술 활용 신사업 전략

목차

1. 서론: MZ 세대 패션 소비 트렌드 분석

2. AI 기술의 패션 산업 적용 현황

3. 수익모델 다변화를 위한 AI 기반 전략

4. 제품 및 서비스 차별화를 위한 AI 활용 방안

5. 구현 로드맵 및 투자 전략

6. 기대효과 및 성과 측정 방안

7. 결론

1. 서론: MZ 세대 패션 소비 트렌드 분석

1.1 MZ 세대의 소비 특성

MZ 세대(밀레니얼 세대와 Z세대)는 디지털 네이티브 세대로서 현재 패션 시장의 주요 소비층으로 부상하고 있습니다. 이들의 패션 소비 특성은 기존 세대와 뚜렷한 차이를 보입니다.

디지털 기반 쇼핑 선호

- 조사에 따르면 MZ 세대의 88%가 온라인 채널을 통해 의류를 구매하며, 월평균 약 10만 원을 패션 제품에 지출합니다 국제신문.
- 10번 중 7번은 온라인 채널을 통해 패션 제품을 구매하는 경향이 있습니다 동아일보.

1.2 2025년 패션 트렌드 전망

2025년에는 다음과 같은 패션 트렌드가 강화될 것으로 예상됩니다.

AI 쇼핑 경험 확대

- AI 기술을 활용한 개인화된 쇼핑 경험이 일반화되며, 가상 피팅과 스타일링 추천이 표준화될 것입니다 킨도프.

2. AI 기술의 패션 산업 적용 현황

2.1 글로벌 패션 기업의 AI 도입 사례

H&M의 AI 기반 패션 생산 및 재고 관리

- H&M은 AI 기술을 활용해 소비자 데이터를 분석하고 트렌드 예측과 재고 관리를 최적화하고 있습니다. 이를 통해 경쟁사 대비 6개월 먼저 제품을 출시할 수 있었고, 매장 위치에 따른 상품 구성을 최적화했습니다 Thur, Data brief.

7. 결론

MZ 세대를 타깃으로 하는 패션 기업에게 AI 기술의 활용은 더 이상 선택이 아닌 필수입니다. 본 전략은 수익모델 다변화와 제품 및 서비스 차별화라는 두 가지 핵심 목표를 달성하기 위한 종합적인 접근 방식을 제시합니다.

AI 기술의 활용은 단순히 기업의 효율성을 높이는 데 그치지 않고, 고객에게 더욱 가치 있고 의미 있는 패션 경험을 제공함으로써 브랜드와 고객 간의 장기적인 관계를 형성하는 데 기여할 것입니다. 이를 통해 패션 기업은 빠르게 변화하는 디지털 시대에 지속가능한 성장을 이어나갈 수 있을 것입니다.

그록은 앞서 이야기했듯이, 텍스트 입력창에 고급검색 및 추론을 위한 Deepsearch 및 확장된 검색과 더 많은 추론을 하는 DeeperSearch가 있다. 다음의 DeeperSearch 답변 결과에 따르면, 그록은 총 39개의 사이트를 검토해 보고서를 완성했다. 그록은 서론에서 시작해서 MZ 세대의 특성과 패션 트렌드, AI를 활용한 신사업 전략 등 앞서 본 생성형 AI와 유사한 목차를 제시했다. 다만 구현방안, 기대효과, 도전 과제 및 해결 방안 등 기업이 실제 신사업을 추진할 때 고려해야 할 사항의 목차를 제시했다는 점이 특징적이다.

 그록 답변

DeeperSearch
MZ 세대 타깃 AI 기반 패션업체 신사업 전략 보고서

1. 서론

MZ 세대(밀레니얼 및 Z세대)는 디지털 네이티브로, 개인화, 지속가능성, 독창성을 중시하며 소셜미디어의 영향을 크게 받습니다. 이러한 특성을 고려할 때, AI 기술을 활용한 신사업 전략은 수익 모델 다변화와 제품 및 서비스 차별화를 동시에 달성할 수 있는 강력한 수단입니다. 본 보고서는 AI를 활용하여 MZ 세대를 타깃으로 하는 패션업체의 신사업 전략을 제안하며, 개인화, 지속가능성, 기술 혁신을 중심으로 한 접근 방식을 다룹니다.

2. MZ 세대의 특성과 패션 트렌드

MZ 세대는 다음과 같은 특징을 보입니다:

- **기술 친화적**: 스마트폰과 소셜미디어를 일상적으로 사용하며, 최신 기술에 익숙.
- **개인화 선호**: 자신만의 스타일과 개성을 중시하며, 맞춤형 경험을 기대.
- **지속가능성 관심**: 환경 문제에 민감하며, 친환경 제품과 윤리적 브랜드를 선호.
- **소셜미디어 영향**: X, 인스타그램 등에서 트렌드를 빠르게 파악하고 공유.

이러한 특성은 AI 기반 전략이 효과적일 가능성을 높이며, 특히 개인화된 쇼핑 경험과 지속가능한 패션 솔루션이 MZ 세대의 관심을 끌 가능성이 큽니다.

3. AI를 활용한 신사업 전략

3.1 AI 기반 개인화 쇼핑 경험

AI 추천 시스템은 고객의 구매 이력, 검색 행동, 소셜미디어 활동을 분석하여 맞춤형 패션 아이템을 제안합니다. 예를 들어, Stitch Fix는 AI와 인간 스타일리스트를 결합하여 고객에게 개인화된 의류를 제공하며, 45억 개 이상의 데이터 포인트를 활용해 정교한 추천을 구현합니다.

3.6 교육과 투명성

AI를 활용해 고객이 자신의 구매를 통해 달성한 환경적 기여(예: 탄소 배출 감소량)를 시각화된 보고서로 제공합니다. 공급망과 생산 과정의 투명성을 보장하여 브랜드 신뢰도를 높입니다. 이는 Patagonia와 같은 브랜드가 지속가능성을 핵심 운영 원칙으로 삼아 성공한 사례와 유사합니다.

4. 구현 방안

4.1 기술 도입

- **AI 추천 시스템**: 오픈소스 머신러닝 라이브러리 또는 OpenAI와 같은 AI 제공업체의 API를 활용.

〰️〰️〰️〰️〰️

4.5 마케팅 전략

- **캠페인**: AI 기술과 지속가능성을 강조한 마케팅 캠페인을 X, 인스타그램 등에서 전개.
- **인플루언서 협업**: MZ 세대에게 영향력 있는 인플루언서와 협력하여 브랜드 인지도 제고.
- **투명성 강조**: 공급망 투명성과 환경 기여도를 강조한 콘텐츠 배포.

5. 기대 효과

항목	기대 효과
수익 다변화	구독 서비스와 한정판 컬렉션으로 새로운 수익원 창출
고객 충성도	개인화된 경험과 지속가능성으로 고객 만족도 및 재구매율 증가
브랜드 차별화	AI 기술과 친환경 이미지를 통해 경쟁사와 차별화된 브랜드 포지셔닝
환경 영향	과잉 생산 감소, 친환경 소재 사용으로 환경적 지속가능성 기여
시장 경쟁력	트렌드 선도 및 기술 혁신으로 MZ 세대 중심의 시장 점유율 확대

6. 도전 과제 및 해결 방안

도전 과제	해결 방안
데이터 프라이버시	투명한 데이터 사용 정책 공개, GDPR 준수, 고객 동의 기반 데이터 수집
AI 구현 비용	초기 투자 대비 장기 ROI 분석, 클라우드 기반 AI 솔루션 활용으로 비용 절감
고객 수용도	베타 테스트를 통해 사용자 피드백 수집, 점진적 기능 론칭
지속가능성 인증	신뢰할 수 있는 친환경 인증 기관과 협력, 공급망 투명성 강화

7. 결론

AI를 활용한 신사업 전략은 MZ 세대의 가치관에 부합하는 개인화, 지속가능성, 기술 혁신을 중심으로 수익 다변화와 차별화를 달성할 수 있습니다. 구독 기반 개인화 쇼핑, 지속가능한 제품 추천, AI 디자인 컬렉션, 소셜 플랫폼은 브랜드의 시장 경쟁력을 강화하며, 환경적 책임감을 강조하여 고객 충성도를 높일 것입니다. 이를 성공적으로 구현하기 위해 기술 파트너십, 데이터 관리, 마케팅 전략을 체계적으로 실행해야 합니다.

8. 참고 문헌

- McKinsey & Company: The fashion industry faces a world in flux

달인의 킥
기본 구조부터 인포그래픽까지 다 잘하는 "슬라이드고"로 PPT 만들기

슬라이드고는 PPT 보고서를 만들어주는 생성형 AI다. 구글에 '슬라이드고'를 검색하면, '무료 Google Slide 테마 및 Powerpoint 템플릿'으로 사이트 소개 제목이 뜬다.

슬라이드고는 PPT 보고서 작성 외에 다양한 템플릿을 무료로 다운로드할 수 있다.

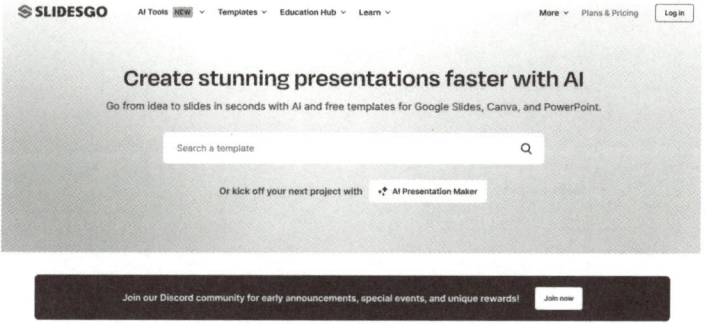

[그림 1] 슬라이드고 메인 화면

PPT는 어떻게 만들 수 있을까? 메인 화면 상단의 'AI Tools' 메뉴를 클릭하면, 'AI Presentation Maker'라는 항목이 나온다. 이 항목을 클릭하면 이제 AI로 PPT 작성이 가능하다. 'AI Presentation Maker'라는 화면 창에서 작성하고자 하는 보고서 주제를 입력한다. 예를 들어 "우리 회사는 번역 AI 서비스 업체야. 서비스 차별화 전략 보고서를 작성해줘"라고 입력한다.

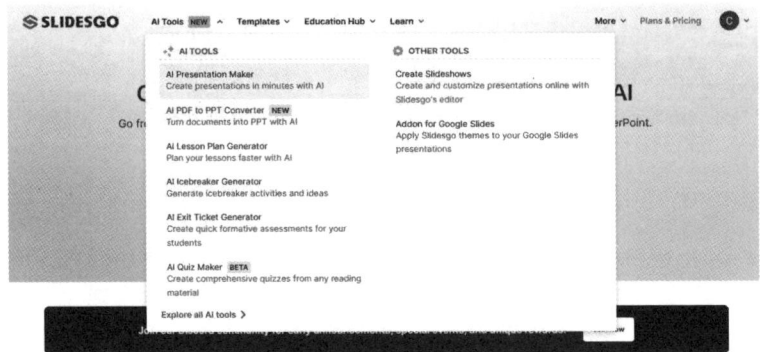

[그림 2] AI PPT 제작 메뉴

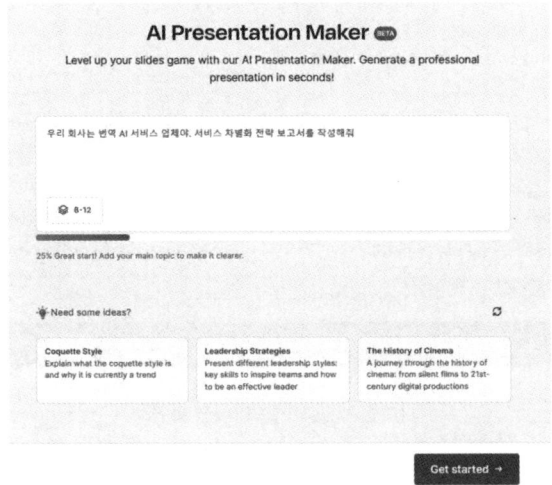

[그림 3] AI 프레젠테이션 주제 입력창

　　보고서 주제를 입력하면, 슬라이드고가 알아서 다른 생성형 AI 처럼 PPT 슬라이드별로 들어가야 할 내용을 구성해준다. 예를 들어 슬라이드 표지부터 시작해 경쟁사 분석, 고객 요구 조사, 기술 혁신, 타깃 시장 정의, 브랜드 포지셔닝에 대한 세부 내용을 제시한다.

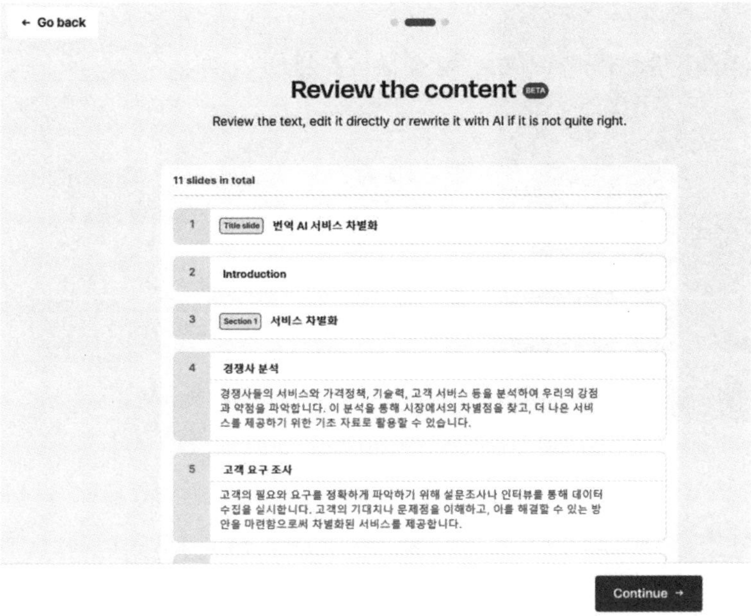

[그림 4] AI 프레젠테이션 목차 구성 결과

　　다만 보고서 장표 구성 자체는 실무에서 바로 쓰기에는 한계가 있다. 텍스트에 간단히 이미지 하나를 추가해 장표를 구성했기 때문이다. 최종적으로는 다음과 같이 12장의 슬라이드를 만들어줬다. 보고서의 스토리 구성을 위한 아이디어를 얻는 정도로 활용하면 좋을 것이다.

　　슬라이드고는 앞서 본 AI PPT 보고서 작성보다는 무료로 PPT 템플릿 양식을 다운로드할 수 있다는 것이 강점이다. 메뉴에서 템플릿으로 들어가면 최신 템플릿을 볼 수 있다. 혹은 홈페이지 메인 화면에서도 'Latest themes(최신 테마)', 'Popular themes(인기 테

[그림 5] 보고서 장표 구성(타깃 시장 정의)

[그림 6] 완성된 PPT 보고서

마'를 클릭하면 템플릿 다운로드가 가능하다. 특히 슬라이드고는 비즈니스, 의료 마케팅 등의 산업, 미니멀리스트, 간단한, 귀여운, 전문적인 스타일, 검정, 노랑, 하얀, 파란 등의 컬러별 다양한 테마를 고를 수 있다는 장점이 있다.

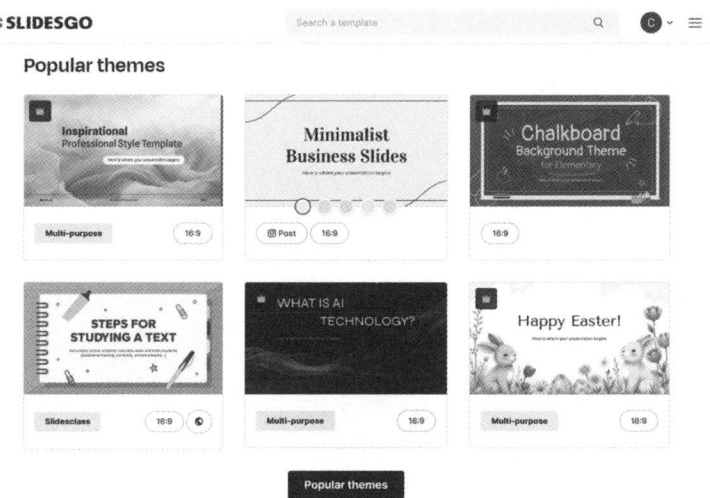

[그림 7] 무료 PPT 템플릿 양식

마음에 드는 템플릿을 선택하면, 몇십 페이지에 달하는 템플릿을 다운로드할 수 있다. 왕관 마크가 붙어 있는 템플릿은 유료로 이용이 가능하다.

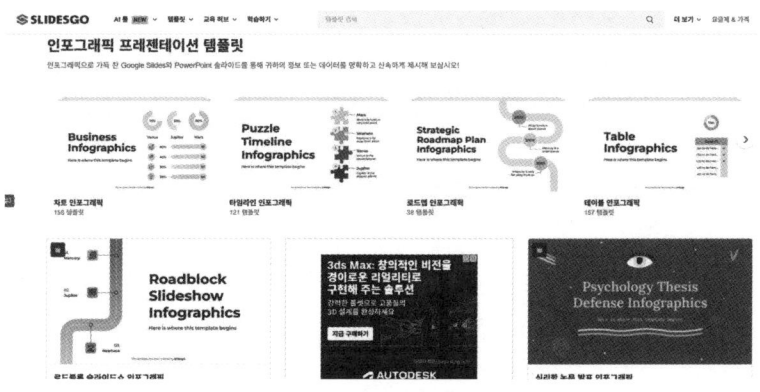

[그림 8] 인포그래픽 프레젠테이션 템플릿

슬라이드고는 인포그래픽 템플릿도 다운로드 가능하다. 메뉴에서 인포그래픽을 클릭하거나 홈페이지 메인 화면에서 바로 들어갈 수 있다.

[그림 9] 캔바 홈페이지

온라인 디자인 및 비주얼 커뮤니케이션 플랫폼인 캔바Canva도 프레젠테이션, 로고, Zoom 가상배경, 인포그래픽, 명함, 이력서, 브로슈어 등 다양한 카테고리와 관련해 수천 개의 무료 템플릿을 제공한다.

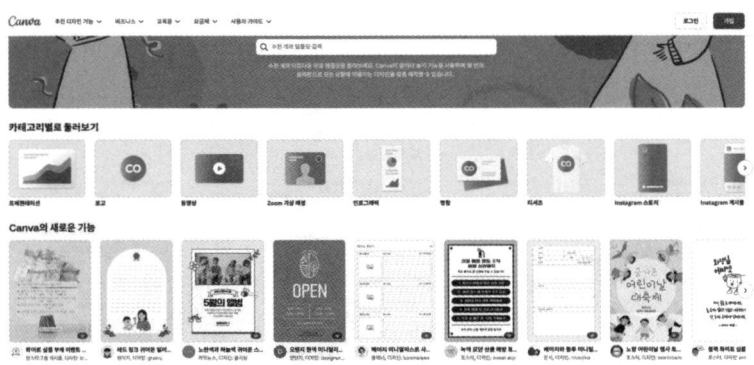

[그림 13] 캔바 무료 템플릿

STEP 3
문장을 "수정"해줘

#챗GPT #코파일럿

당신은 지금

보고서를 작성했는데, 문장이 마음에 들지 않는다. 특히 PPT 보고서의 헤드 메시지는 간결하고 명확해야 하는데 내가 작성한 문장은 그렇지 않은 것 같다. 누군가에게 도움을 요청하고 싶지만, 메시지나 문장을 검토해달라고 하기도 마땅치 않다. 필요한 자료는 쉽게 요청이 가능한데, 문장은 그렇지 않다. 보고서에 들어간 문장이라는 게 단순히 글을 잘 쓴다고 잘 봐줄 수 있는 것도 아니니 말이다.

AI 빨간펜 선생님

생성형 AI는 초기만 해도 문장검토 능력은 논리, 추론 능력 대비 낮았다. 하지만 지금의 생성형 AI는 한글 이해도도 높을 뿐만 아니라 문장을 수정하는 능력 또한 뛰어나다. 중고등학교 이상 수준의 첨삭이 가능하다. 쉽게 말해 'AI 빨간펜 선생님'이다. 이제는 누군가에게 보고서를 검토해달라고 할 필요도 없다. 기본적인 건 생성형 AI를 통해 해결할 수 있다.

달인의 프롬프트

프롬프트는 ● **보고서의 주제(맥락) + 보고서 검토 대상 + 수정 핵심사항 + 수정해야 할 문장**으로 구성한다. 꼭 대상을 넣지 않아도 보고서의 주제나 맥락을 설명하면 생성형 AI가 알아서 문장을 수정해준다. 간단하게 논리적 측면에서만 문장을 검토해달라고 요청해보자.

> 다음 2꼭지를 논리적인 측면에서 문제가 없게 각각 수정해줘.
> - 국토교통 데이터를 기반으로 한 신규 서비스 창출 및 사회문제 해결 기회 증가에 따라 '국토교통 데이터 통합채널' 데이터를 활용한 국토교통 분야 서비스 혁신 촉진 필요
> - 미래 성장동력인 모빌리티 산업의 선도를 위해 공공과 민간의 데이터 공유와 데이터 경제기반의 국토교통 서비스 활성화를 통해 새로운 가치를 창출 및 혁신적인 서비스와 솔루션 창출 필요

챗GPT 답변

1. 수정 전

- 국토교통 데이터를 기반으로 한 신규 서비스 창출 및 사회문제 해결 기회 증가에 따라 '국토교통 데이터 통합채널' 데이터를 활용한 국토교통 분야 서비스 혁신 촉진 필요

수정 후

- 국토교통 데이터를 기반으로 한 신규 서비스 창출과 사회문제 해결의 기회가 확대됨에 따라, '국토교통 데이터 통합채널'을 활용하여 국토교통 분야의 서비스 혁신을 적극적으로 촉진할 필요

논리 보완 포인트: 문장 구조를 재배열해 이유(기회 확대)와 필요(서비스 혁신 촉진)의 인과 관계를 명확히 하였고, 표현을 보다 행정/정책 문서에 어울리게 다듬었습니다.

2. 수정 전

- 미래 성장동력인 모빌리티 산업의 선도를 위해 공공과 민간의 데이터 공유와 데이터 경제기반의 국토교통서비스 활성화를 통해 새로운 가치를 창출 및 혁신적인 서비스와 솔루션 창출 필요

수정 후

- 미래 성장동력인 모빌리티 산업을 선도하기 위해서는 공공과 민간의 데이터 공유를 활성화하고, 데이터 경제 기반의 국토교통 서비스를 확장함으로써 새로운 가치와 혁신적인 서비스·솔루션을 창출할 필요

논리 보완 포인트: 병렬 구조를 정리하여 문장의 흐름을 자연스럽게 하고, '창출 및 창출' 식의 중복 표현을 피하면서 핵심 논지를 유지했습니다.

챗GPT는 수정 전과 수정 후의 문장을 같이 보여주며 논리 보완의 포인트를 제시했다. 첫 번째 문장은 인과관계, 두 번째 문장은 '~과 ~와'라는 병렬 구조를 이해하기 쉽게 바꿔줬다. 또한 '~창출 및 ~창출'이라는 중복표현을 개선해줬다. 특히, 정부 정책이라는 내용을 고려해 제시된 문장의 "표현을 보다 행정/정책 문서에 어울리게 다듬었습니다"라고 설명하고 있는데, 해당 문장의 맥락을 이해하고 답변을 했다는 점이 특징이다.

 코파일럿 답변

다음은 수정된 버전입니다. 각 문장이 명확한 논리적 흐름을 유지하도록 다듬었습니다:

1. 국토교통 데이터를 활용한 신규 서비스 창출과 사회문제 해결 기회가 증가함에 따라, '국토교통 데이터 통합채널'을 적극 활용하여 국토교통 분야의 서비스 혁신을 촉진할 필요가 있음.
2. 모빌리티 산업의 미래 성장동력을 강화하기 위해 공공과 민간의 데이터 공유를 활성화하고, 데이터 경제 기반으로 국토교통 서비스의 가치를 창출하며 혁신적인 서비스와 솔루션 개발에 주력해야 함.

이 수정된 내용들은 논리적 일관성을 높이고, 각 문장이 명확하게 전달될 수 있도록 개선되었습니다. 추가적인 수정이나 의견이 필요하면 알려주세요!

코파일럿 또한 챗GPT와 유사하게 문장을 수정해줬다. 다만 왜 저렇게 문장을 수정했는지에 대한 근거가 없다. "수정된 내용의 논리적 근거는 무엇인가요?"라는 문장에 대한 추가 질문을 통해 챗GPT처럼 수정근거에 대한 답변을 받았다.

 코파일럿 답변

수정된 내용의 논리적 근거는 각 문장의 논리적 흐름을 강화하고 명확성을 높이는 데 있습니다. 세부적으로는 다음과 같은 이유를 들 수 있습니다:

1. **첫 번째 문장** "사회문제 해결 기회 증가에 따라"라는 부분에서 맥락을 보다 명확히 하기 위해 "기회가 증가함에 따라"로 바꾸어 문장의 흐름을 자연스럽게 조정했습니다. 그리고 '국토교통 데이터 통합채널'을 적극 활용해야 한다는 당위성을 강조하여 논리적 연결성을 강화했습니다.

2. **두 번째 문장** "새로운 가치를 창출 및 혁신적인 서비스와 솔루션 창출 필요"라는 부분이 중복적이고 다소 혼란스러울 수 있었습니다. 이를 하나의 목표로 통합하여 "가치를 창출하며 혁신적인 서비스와 솔루션 개발에 주력해야 함"으로 간결하고 명확하게 표현했습니다. 이는 공공과 민간의 협력과 데이터 경제 기반의 중요성을 더 명확히 전달합니다.

챗GPT와 마찬가지로 수정 근거는 비슷했다. 첫 번째 문장은 문장의 흐름, 간결성과 명확성 측면에서 문장을 바꾼 이유를 제시했다.

질문을 더 정교화한다면, 다음처럼 흔히 보고서 작성에서 나타나는 문제인 '주술 구조, 논리, 단어 적합성, 이해 용이성'이라는 키워드를 넣어서 질문하면 된다. 추가로 간결성·명료성 관점에서도 검토할 수 있다.

> 다음 2꼭지의 문장의 주술 구조, 논리적 관계, 단어의 적합성, 이해 용이성 측면에서 문제가 없게 각각 수정해줘.

챗GPT는 앞서 본 답변과 유사하게 답을 해줬다. 하나의 문장을 다양한 관점에서 질문하더라도 결국 챗GPT가 필요한 사항을 알아서 파악해, 문장을 수정해준다는 것을 알 수 있다.

 챗GPT 답변

다음은 각 문장의 **주술 호응, 논리적 흐름, 단어 선택의 적절성, 이해 용이성**을 고려하여 다듬은 수정본입니다:

1. 원문

국토교통 데이터를 기반으로 한 신규 서비스 창출 및 사회문제해결 기회 증가에 따라 '국토교통 데이터 통합채널' 데이터를 활용한 국토교통 분야 서비스 혁신 촉진 필요

수정본

국토교통 데이터를 기반으로 한 신규 서비스 창출과 사회 문제 해결 기회가 증가함에 따라, '국토교통 데이터 통합채널'을 활용한 국토교통 분야의 서비스 혁신을 촉진할 필요가 있음.

- '~기회 증가에 따라 ~필요'는 중간에 주술이 빠져 있어 이해가 어려웠고, 자연스럽게 '~기회가 증가함에 따라 ~할 필요가 있음'으로 다듬었

습니다.

2. 원문

미래 성장동력인 모빌리티 산업의 선도를 위해 공공과 민간의 데이터 공유와 데이터 경제기반의 국토교통서비스 활성화를 통해 새로운 가치를 창출 및 혁신적인 서비스와 솔루션 창출 필요

수정본

미래 성장동력인 모빌리티 산업을 선도하기 위해, 공공과 민간의 데이터 공유와 데이터 경제 기반의 국토교통 서비스 활성화를 통해 새로운 가치를 창출하고, 혁신적인 서비스와 솔루션을 만들어낼 필요가 있음.

- 문장이 '창출 및 창출 필요'로 반복되고 동사 없는 병렬 구조라 어색했기 때문에, 문맥에 맞게 동사를 보완하고 자연스러운 흐름으로 정리했습니다.

문장 수정과 관련해서는 챗GPT, 코파일럿 등의 생성형 AI 서비스를 이용할 수도 있지만, 챗GPT 내 애플리케이션을 활용할 수도 있다. 챗GPT의 질문창에서 좌측 메뉴에 보면 GPT 탐색이 있다. 여기서 챗GPT가 만든 애플리케이션에 가면, 'Creative Writing Coach' 애플리케이션이 있다.

이 애플리케이션에 "다음 2꼭지를 논리적인 측면에서 문제가 없게 각각 수정해줘"라는 질문을 동일하게 하면 조금 더 구체적인 의견을 제시한다.

최상위 선택 항목 | 글쓰기 | 생산성 | 연구 및 분석 | 교육 | 라이프스타일 | 프로그래밍

By ChatGPT
GPTs created by the ChatGPT team

1 **Monday**
Whatever
작성자: ChatGPT

2 **DALL·E**
OpenAI's legacy image generation model. A new model is rolling out in ChatGPT.
작성자: ChatGPT

3 **Data Analyst**
Drop in any files and I can help analyze and visualize your data.
작성자: ChatGPT

4 **Hot Mods**
Let's modify your image into something really wild. Upload an image and let's go!
작성자: ChatGPT

5 **Creative Writing Coach**
I'm eager to read your work and give you feedback to improve your skills.
작성자: ChatGPT

6 **Coloring Book Hero**
Take any idea and turn it into whimsical coloring book pages.
작성자: ChatGPT

7 **Planty**
I'm Planty, your fun and friendly plant care assistant! Ask me how to best take care of your plants.
작성자: ChatGPT

8 **ChatGPT Classic**
The latest version of GPT-4o with no additional capabilities.
작성자: ChatGPT

9 **Web Browser**
I can browse the web to help you gather information or conduct research
작성자: ChatGPT

10 **Game Time**
I can quickly explain board games or card games to players of any age. Let the games begin!
작성자: ChatGPT

[그림 1] 챗GPT가 만든 애플리케이션_Creative Writing Coach

 Creative Writing Coach 답변

1. 수정 전:

국토교통 데이터를 기반으로 한 신규 서비스 창출 및 사회문제해결 기회 증가에 따라 '국토교통 데이터 통합채널' 데이터를 활용한 국토교통 분야 서비스 혁신 촉진 필요

수정 후:

국토교통 데이터를 활용한 신규 서비스 창출과 사회문제 해결 기회가 증가

함에 따라, '국토교통 데이터 통합채널'을 통한 국토교통 분야의 서비스 혁신을 촉진할 필요가 있다.

논리 개선 포인트:
- 주어와 술어의 일치 문제를 바로잡고,
- '필요'라는 추상적인 표현을 '촉진할 필요가 있다'로 자연스럽게 풀어 명확히 했어요.

2. 수정 전:
미래 성장동력인 모빌리티 산업의 선도를 위해 공공과 민간의 데이터 공유와 데이터 경제기반의 국토교통서비스 활성화를 통해 새로운 가치를 창출 및 혁신적인 서비스와 솔루션 창출 필요

수정 후:
미래 성장동력인 모빌리티 산업을 선도하기 위해서는, 공공과 민간의 데이터 공유 및 데이터 기반 국토교통 서비스 활성화를 통해 새로운 가치를 창출하고, 혁신적인 서비스와 솔루션을 개발할 필요가 있다.

논리 개선 포인트:
- 문장 속 병렬 구조가 어색했는데, '창출 및 창출'처럼 반복되지 않도록 정리했어요.
- 전체 구조를 '~하기 위해서는 → ~할 필요가 있다' 식으로 논리 구조를 명확히 했습니다.

Creative Writing Coach는 첫 번째 문장의 경우 챗GPT와 마찬가지로 주술 관계를 지적했다. 추가로 '촉진할 필요가 있다'라는

표현에 대한 의견을 제시했다. 두 번째 문장은 마찬가지로 병렬 구조를 지적하며 "전체 구조를 '~하기 위해서는 → ~할 필요가 있다'"라는 구조로 바꾸면 좋겠다고 알려줬다.

챗GPT에는 Creative Writing Coach 외에도 글쓰기 메뉴에 광고 및 마케팅, 이력서, 법률(계약) 등 다양한 분야의 글쓰기 애플리케이션들이 있다. 이를 활용하면 자신의 업무에 맞는 글쓰기 코칭을 받을 수 있다.

최상위 선택 항목　글쓰기　생산성　연구 및 분석　교육　라이프스타일　프로그래밍

Writing
Enhance your writing with tools for creation, editing, and style refinement

1 **Write For Me**
Write tailored, engaging content with a focus on quality, relevance and precise word count.
작성자: puzzle.today

2 **AI Humanizer**
#1 AI humanizer in the world 🏆 | Get human-like content in seconds. This GPT humanizes AI-generated text with FREE...
작성자: mmchdigital.solutions

3 **Humanize AI**
Top 1 AI humanizer to help you get human-like content. Humanize your AI-generated content with Free credits...
작성자: gptinf.com

4 **Copywriter GPT - Marketing, Branding, Ads**
Your innovative partner for viral ad copywriting! Dive into viral marketing strategies fine-tuned to your needs! No...
작성자: adrianlab.com

5 **AI Humanizer Pro**
Best AI humanizer to help you get 100% human score. Humanize your AI-generated content maintaining content...
작성자: bypassgpt.ai

6 **Legal GPT: Contracts & Answers, Lawyer Supported**
🏆 World's Most Popular AI Legal Assistant 🏆 Not a lawyer, but my work can be reviewed by our network of 2k+...
작성자: pulsrai.com

7 **CV Writer - the CV Expert**
#1 CV Writing AI - An expert in crafting personalised, professional and humanized CVs optimised for ATS (Applicant Trackin...
작성자: Curtis Fogelberg

8 **Translate GPT**
Experience our ChatGPT Translation, a sophisticated tool that provides accurate and context-aware translations across...
작성자: htx.ai

9 **Generator Text to Video Maker, Write Script**
An innovative Video Maker Bot! Create and edit dynamic videos with voiceovers using our AI-powered tool. Currently,...
작성자: Lee

10 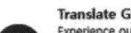 **Viral LinkedIn Post Formatter**
Formats LinkedIn posts to match viral examples
작성자: David B Andrews

11 **Fully SEO Optimized Article including FAQ's (2.0)**
Generate SEO articles, blogs with images, and multilingual content in customizable formats.
작성자: mtsprompts.com

12 **Cover Letter**
Boost interviews with compelling cover letters tailored to job applications - simple, quick, effective.
작성자: masterinterview.ai

[그림 2] GPT 탐색 메뉴 내 글쓰기 애플리케이션

STEP 4
보고서에 대해
"피드백" 해줘

#챗GPT #퍼플렉시티 #제미나이

당신은 지금

기업 전략에서 고객만족이 중시되면서 우리 회사 또한 고객만족 경영을 강화하고 있다. CS전략팀 소속인 나는 고객만족경영 트렌드의 현황 보고서 작성 업무를 수행하게 되었다. 생성형 AI의 도움을 받아 고객만족경영 트렌드 보고서는 작성했는데, 팀장이 전략기획 출신이라 보고서를 꼼꼼히 보는 스타일이다. 팀장 아바타가 있다면, 그 아바타에게 보고서를 사전검토 받을 수 있다면, 더할 나위 없이 좋을 것 같다는 생각뿐이다.

AI에 역할을 부여해 피드백을 받자

생성형 AI를 활용해 보고서 문장에 대한 피드백을 받을 수 있다고 말했다. 여기서 한 발 더 나아가면, 챗GPT는 역할놀이Role Play가 가능하기 때문에 챗GPT에게 특정 역할을 부여해서 보고서 피드백을 받을 수 있다.

달인의 프롬프트

프롬프트는 ● **맥락 + 보고서 내용 + 보고서 검토 대상과 특징 + 피드백 핵심 사항** 형태로 구성한다. 이 프롬프트의 핵심은 검토 대상의 특징과 피드백 핵심 사항이다. 보고서 검토 대상의 출신이나 스타일에 따라 보고서 검토 내용이 달라지기 때문이다.

> 다음은 고객만족경영 트렌드 보고서야. 우리 회사의 고객만족도를 제고하기 위한 보고서 내용의 일부로, 전략기획 출신 팀장이라고 생각하고 이 보고서에 대해 피드백 해줘
> - 보고서 피드백은 문장, 논리, 시각화, 톤앤매너 관점에서 진행

챗GPT 답변

1. 문장 측면

장점
- 산업 트렌드와 고객 변화에 대한 문제의식은 잘 드러남.
- 예시(현대차, 롯데호텔 등)를 통해 이해를 돕는 구성은 긍정적임.

개선 포인트
- **문장 간 논리적 연결 부족**: 문장이 나열식이라 독자가 흐름을 따라가기 어려움.
  - 예: '소비의 감성화로의 변화' → '여성 고객 증가' → '여성 맞춤 상품' 식으로 연결되지만, 논리적 다리 없이 점프함.
- **중복 표현 및 어색한 문장**:
  - "감성을 자극하는 서비스 제공이 필요" vs. "소비의 감성화" → 유사 표현 반복.
  - "양극화 현상이 두드러짐" 같은 문장은 구체 사례 없이 모호하게 느껴질 수 있음.

맞춤법 및 띄어쓰기 오류:
- "신속 , 정확 , 친절" → 쉼표 뒤 공백 하나로 통일.
- "경제 활동은 구매력과 직결됨" → '경제활동'이 맞음.

추천 개선 문장 예시:

"고객만족 전략은 기존의 신속·정확·친절에서, 감성 중심의 맞춤형 서비스로 전환이 요구됩니다. 이는 여성 고객층의 증가와 소비의 감성화라는 사회적 변화에 기반한 것으로, 고객의 감정을 자극하는 경험 중심의 서비스가 중요해지고 있습니다."

2. 논리 측면

장점
- 고객 트렌드 변화 → 기업의 대응 필요성이라는 구조는 방향성이 적절함.

개선 포인트
- **분석 → 시사점 구조 미흡**: 변화만 나열되고, 그에 따른 기업 전략이나 시사점이 명확하지 않음.

3. 시각화 측면

장점
- 다양한 사례 소개는 시각화할 여지가 많음(ex. 여성 대상 전략 등)

개선 포인트
- **텍스트 과잉**: 슬라이드 내 텍스트 양이 많아 가독성 떨어짐. 핵심만 정리된 도식 또는 인포그래픽이 필요함.

4. 톤앤매너 측면

- 정중하고 진지한 톤으로 작성되어 경영층 대상 보고서에 적합한 기본기는 갖춤.

총평

현재 보고서는 고객 트렌드에 대한 인식 공유 단계에는 적절하나, 전략기획 보고서로서 설득력과 액션 플랜이 부족합니다. 타깃 독자가 의사결정자일 경우, 트렌드보다 "우리가 무엇을 해야 할까?"에 대한 구체 제안이 핵심

이므로 아래 방향으로 보완하는 걸 추천합니다:

추천 보완 방향:

- 고객 변화 → CS 전략 재정의 → 당사 적용 포인트 → 실행 방안 요약
  (ex. 고객 여정별 행동 과제)

챗GPT는 문장, 논리, 시각화, 톤앤매너 관점에서 답변을 했다. 각 항목별로 장점, 포인트, 개선사항을 제시하며, 어떻게 보고서를 수정 보완해야 하는지를 명확하게 알려준다. 항목별로 간단히 보면, 문장에서는 논리, 표현(중복, 어색), 맞춤법 및 띄어쓰기를 검토했으며, 논리에서는 보통 보고서에서 가장 이슈가 되는 분석에 따른 시사점 미흡을 지적했다. 또한 생략된 부분에서 주장에 대한 근거(데이터)를 강조했다. 시각화에서는 텍스트가 많다는 점을 지적하며, 생략된 부분에서 2x2 매트릭스, 라인 그래프, Before-After 구조의 도식화를 제안하고 있다. 마지막으로 총평에서는 현재 보고서의 스토리를 '고객 변화 → CS 전략 재정의 → 당사 적용 포인트 → 실행 방안 요약' 순으로 바꾸는 게 좋다는 조언도 했다.

보고서의 피드백 내용만 보면, 실제 전략기획 팀장이 해주는 것처럼 완벽할 수는 없지만 그래도 평균 이상의 피드백 수준이다. 사전에 챗GPT를 통해 보고서를 검토한다면, 상사로부터 좋은 평가를 받을 가능성이 높다고 생각된다.

퍼플렉시티의 피드백 또한 챗GPT 못지않게 디테일하다. 문장

구조와 관련해 가독성을 지적하고 그 외 오탈자 및 비문 등을 언급하고 있다. 논리 측면에서도 근거와 전략적 제언이 부족하다는 점을 들고 있다.

 퍼플렉시티 답변

아래는 해당 보고서에 대한 피드백입니다. 전략기획 출신 팀장으로서 문장, 논리, 시각화, 톤앤매너 관점에서 분석하고 개선점을 제안하겠습니다.

1. 문장 관점 피드백

- **문장 구조**: 보고서의 문장이 다소 길고 복잡하여 가독성이 떨어집니다. 핵심 메시지를 명확히 전달하기 위해 짧고 간결한 문장으로 재구성하는 것이 좋습니다. 예를 들어, "대한민국 여성경제 활동인구는 지속적인 성장세를 보이며, 경제활동은 구매력과 직결됨" 대신 "대한민국 여성 경제 활동 인구가 증가하며 구매력이 강화되고 있습니다"로 수정하면 더 명확합니다.

- **오탈자 및 비문**: 일부 오탈자(예: "플롱ㅇㅓㅓ")와 비문이 발견됩니다. 이는 보고서의 신뢰도를 저하시킬 수 있으므로 철저한 교정을 통해 수정해야 합니다.

- **전문성 부족**: "현대차의 경우 페달 조정 기능 등을 추가한 여성 맞춤 자동차 출시"와 같은 표현은 구체성이 부족합니다. 해당 사례의 구체적 효과나 데이터를 추가하면 설득력이 높아질 것입니다.

2. 논리 관점 피드백

- **논리적 흐름**: 보고서의 논리적 전개가 다소 단절적으로 느껴집니다. 예를 들어, "고객 트렌드의 변화"와 "주요 고객층의 변화"가 분리되어 있지만, 두 섹션 간 상호 연관성을 명확히 설명하지 않아 독자가 혼란을 느낄 수 있습니다. 두 섹션을 연결하는 전환 문장을 추가하거나 통합적으로 설명하는 것이 필요합니다.

4. 톤앤매너 관점 피드백

- **전문성과 친근함의 균형**: 일부 표현이 지나치게 학술적이거나 딱딱하게 느껴질 수 있습니다. 예를 들어, "고객 맞춤 서비스, 특별 대우, 가족 같은 친밀함"과 같은 내용은 좀 더 친근하고 실용적인 언어로 풀어낼 수 있습니다.

- **목표 독자 고려 부족**: 보고서가 내부 경영진을 대상으로 한다면 보다 전략적이고 실행 가능한 언어를 사용하는 것이 중요합니다. 예를 들어, "소비 패턴 변화에 따라 감성 마케팅 강화 필요" 대신 "고객 감성을 자극할 수 있는 마케팅 캠페인 기획 및 실행 방안 마련"처럼 구체적으로 작성하는 것이 효과적입니다.

개선 제안 요약

1. 문장 개선:
- 간결하고 명확한 문장으로 수정.
- 오탈자 및 비문 제거.
- 전문성을 강화하기 위해 구체적 데이터와 사례 추가.

2. 논리 강화:
- 섹션 간 논리적 연결성을 높이고 근거를 보강.
- 분석 결과를 바탕으로 한 실행 가능한 전략 제언 추가.

3. 시각화 향상:
- 데이터를 그래프나 이미지로 시각화.
- 텍스트 양을 줄이고 레이아웃을 간결하게 구성.
- 색상과 디자인의 일관성 유지.

4. 톤앤매너 조정:
- 전문성과 친근함을 균형 있게 조정.
- 목표 독자(내부 경영진)를 고려한 구체적이고 실행 가능한 언어 사용.

위 내용을 반영하여 보고서를 수정한다면 고객만족 경영 전략 수립에 더 큰 설득력과 실효성을 제공할 수 있을 것입니다! ☺

제미나이 또한 유사한 맥락에서 보고서 피드백을 해주고 있다. 따라서 챗GPT, 퍼플렉시티, 제미나이 등의 생성형 AI에게 받은 피드백을 종합하면 충분히 훌륭한 보고서가 나올 수 있다. 보고서의 피드백 수준은 컨설턴트 못지않다.

 제미나이 답변

고객만족경영 트렌드 보고서 피드백 (전략기획팀 팀장 관점)

총평:

전반적으로 현재 고객 만족 경영의 중요 트렌드를 잘 파악하고 언급한 보고서라고 생각합니다. 특히 고객층 변화와 소비 패턴의 양극화, 그리고 여성 고객의 중요성 증대는 시사하는 바가 큽니다. 다만, 이러한 트렌드가 우리 회사의 고객 만족도 제고에 어떻게 구체적으로 연결될 수 있는지에 대한 심층적인 분석과 전략 방향 제시가 다소 부족합니다.

세부 피드백:

1. **문장** Clarity & Conciseness:
   - 전반적으로 간결하고 명확하게 작성되었으나, 일부 문장에서 주어-서술어 호응이 어색하거나 표현이 다소 장황한 부분이 있습니다.
   - 예시: "기업의 상품 및 서비스의 주요고객층 및 소비패턴의 변화가 이루어지고 있으며 이러한 변화에 대응하여 고객 대응 방식 및 목표 만족도에 대한 상향 조정이 필요함" → "기업의 주요 고객층 및 소비 패턴 변화에 따라 고객 대응 방식과 목표 만족도 상향 조정이 필요합니다"와 같이 좀 더 간결하게 표현할 수 있습니다.

   전문 용어 사용 시 내부적으로 통용되는 약어가 아닌 풀네임을 사용하거나 간략한 설명을 덧붙이는 것이 좋습니다.

2. **논리** Logic & Flow:
   - **트렌드 제시와 시사점 연결 부족:** 제시된 소비 패턴 변화, 고객 트렌드 변화, 주요 고객층 변화가 우리 회사의 고객 만족도에 어떤 영향을 미치고, 어떤 새로운 기회를 제공하는지에 대한 논리적인 연결고리가 명확하지 않습니다. 각 트렌드에 대한 설명 후, 반드시 우리 회사에 주는 시사점을 구체적으로 명시해야 합니다.

4. 톤앤매너 Tone & Manner :

- 전반적으로 객관적이고 정보 전달에 초점을 맞춘 톤앤매너는 적절합니다.
- 다만, 전략기획팀의 보고서라는 점을 고려했을 때, 단순히 트렌드를 나열하는 것을 넘어 분석적이고 전략적인 시각을 좀 더 강조할 필요가 있습니다.
- 제안이나 방향성을 제시할 때는 단정적인 표현보다는 "~할 필요가 있습니다", "~을 고려해야 합니다"와 같이 신중하고 분석적인 톤을 유지하는 것이 좋습니다.

향후 개선방향:

1. **각 트렌드별 우리 회사에 대한 구체적인 시사점 분석 및 명시**: 제시된 각 트렌드가 우리 회사의 고객, 상품/서비스, 경쟁 환경 등에 미치는 영향을 심층적으로 분석하고, 이를 바탕으로 고객 만족도 제고를 위한 기회와 위협 요인을 명확히 도출해야 합니다.
2. **우리 회사만의 차별화된 고객 만족 전략 방향 설정**: 단순히 트렌드를 따라가는 것이 아니라, 우리 회사의 강점과 특성을 살려 고객에게 차별화된 가치를 제공할 수 있는 전략 방향을 제시해야 합니다.
3. **구체적인 실행 방안 및 측정 지표 제시**: 설정된 전략 방향을 달성하기 위한 구체적인 실행 방안과 성과를 측정할 수 있는 핵심성과지표 KPI를 제시해야 합니다.
4. **시각화 요소 적극 활용**: 데이터와 정보를 효과적으로 전달하고 이해도를 높이기 위해 다양한 시각화 자료를 적극적으로 활용해야 합니다.

STEP5
1분 스피치 "스크립트"를 작성해줘

#챗GPT #퍼플렉시티 #클로드

당신은 지금

데이터 기반 인재경영 보고서를 작성했다. 보고서는 잘 작성했는데, CEO 보고를 해야 해서 어떻게 보고서 내용을 전달해야 할지 고민이다. CEO가 시간이 없어서 5분 이내로 간단하게 보고를 해야 한다. 핵심만 간단하게 보고를 하라고 하지만 사실 말처럼 쉽지 않은 게 보고다.

접근 방법 및 생성형 AI 활용

잘 작성된 보고서는 기본적으로 보고서의 구조가 명확하고 흐름도 자연스러워서 보고를 하는 게 어려운 일은 아니다. 하지만 보고서 작성과 보고는 같은 듯 다른 작업이다. 이런 경우 누군가 3분짜리 발표 스크립트를 만들어주면 좋겠다는 생각을 많이 한다. 생성형 AI를 이용하면, 3분이든 5분이든 발표 스크립트를 만드는 건 어렵지 않다. 특히 CEO의 스타일을 고려해서 발표 스크립트를 만들 수도 있다.

기본 프롬프트

스크립트를 만드는 프롬프트는 간단하다. ● **보고 대상 + 보고 대상 성향 + 시간 + 보고 내용** 형태로 질문하면 된다. 필요에 따라 보고 대상의 성향을 입력해도 좋다. 예를 들어 결론 중심인지, 기획 혹은 영업 출신인지 등을 고려한다. 다음 질문에서 언급하는 보고서는 앞에서도 예시로 든 LG경영연구원의 〈데이터 기반 인재경영〉 보고서다.

> 다음 보고서에 대해 CEO 보고를 위한 1분 스피치 발표 스크립트를 알려줘.

 챗GPT 답변

CEO 보고용 1분 스피치 스크립트

최근 글로벌 기업들은 '사람'과 '데이터'를 결합해 인재경영의 패러다임을 전환하고 있습니다. 이 보고서는 유니레버, 시스코, 아마존의 사례를 통해, 데이터 기반의 HR 애널리틱스가 단순한 트렌드가 아니라 인재 확보와 유지, 조직문화 개선의 핵심 전략임을 보여줍니다.

유니레버는 AI 기반 채용으로 채용 효율을 75% 이상 개선했고, 시스코는 구성원 참여형 플랫폼을 통해 내부 인재의 역량을 실시간으로 파악해 전략적 배치를 가능케 했습니다. 아마존은 일일 피드백 시스템으로 실시간 조직문화를 관리하고 있습니다.

우리도 이제 HR을 비용이 아닌 전략적 투자 관점에서 보고, 데이터 기반 의사결정 체계를 구축할 필요가 있습니다. 작은 파일럿부터 시작하되, 명확한 목표와 단계적 접근이 핵심입니다.

〈데이터 기반 인재경영〉 보고서의 전체 구조를 이해하고 1분 이내의 간단한 발표 스크립트를 만들어서 제시했다. 스크립트의 흐름도 간결하게 제시했다. 참고로 이 보고서는 기본적으로 3개 기업의 사례를 바탕으로 보고서 내용이 전개되고 있어 구조는 복잡하지 않다.

 **퍼플렉시티 답변**

CEO 보고를 위한 1분 스피치 발표 스크립트

안녕하십니까, 오늘은 기업 인재 경영의 새로운 방향성을 제시하는 데이터 기반 HR 애널리틱스에 대해 말씀드리고자 합니다. 빅데이터와 AI 기술의 발전은 기존의 직관과 관행 중심의 HR 방식에서 벗어나, 객관적이고 합리적인 데이터 분석을 활용한 접근법으로 전환을 이끌고 있습니다. 유니레버는 AI를 활용한 채용 프로세스를 통해 효율성과 다양성을 극대화했으며, 시스코는 탤런트 클라우드를 통해 직원 역량을 체계적으로 관리하고 있습니다. 또한, 아마존은 실시간 피드백 시스템으로 조직문화를 개선하고 구성원의 만족도를 높이고 있습니다. 이러한 사례는 우리 기업이 경쟁력을 강화하기 위해 데이터 중심의 HR 전략을 적극 도입해야 함을 시사합니다. 앞으로 인재 확보와 육성, 조직문화 개선에 있어 데이터 활용의 중요성을 더욱 고민하고 실행해 나가야 할 것입니다. 감사합니다.

퍼플렉시티 또한 서론, 본론, 결론의 구조로 챗GPT와 유사하게 답변을 해줬다. 코파일럿도 퍼플렉시티와 유사한 내용과 흐름으로 답변했다.

 **클로드 답변**

데이터 기반 인재 경영 CEO 보고 스크립트

존경하는 CEO님,

오늘 데이터 기반 인재 경영에 관한 주요 인사이트를 공유드리겠습니다. 빅데이터와 AI 기술의 발전으로 인재 관리 방식이 근본적으로 변화하고 있습니다. 2018년 글로벌 경영진 설문에서 '최고 인재의 확보 및 유지'가 기업의 최우선 과제로 선정되었습니다.

HR 애널리틱스는 더 이상 글로벌 IT 기업만의 전유물이 아닙니다. 주요 사례를 살펴보면:

1. 유니레버는 AI 기반 채용 시스템을 도입해 채용기간을 6개월에서 4주로 단축하고, 비용을 25% 절감했습니다.
2. 시스코는 '탤런트 클라우드' 시스템으로 구성원의 역량과 잠재력을 객관적으로 평가하고, 필요한 역량 개발 기회를 제공합니다.
3. 아마존은 '커넥션 프로그램'을 통해 구성원 만족도를 실시간으로 파악하고 조직문화를 개선합니다.

이러한 HR 애널리틱스를 성공적으로 도입하기 위해서는:

- 우리 기업의 상황에 맞는 영역부터 단계적 접근
- 내·외부 전문가 활용
- 데이터 축적과 통합으로 예측 정확성 향상

이제 우리 기업도 감과 직관이 아닌, 데이터에 기반한 인재 경영 체계 구축이 필요한 시점입니다.

이상 보고를 마치겠습니다.

클로드는 보고서의 'Executive Summary'처럼 스크립트를 제시해줬다. 스토리보다는 논리적인 측면이 강조된 점이 특징이다. 참고로 젠스파크도 이와 유사하게 답변을 해줬다.

맥락 강조 프롬프트

다음은 맥락을 강조한 프롬프트다. 보고서 내용의 요약 전달이 아닌, '데이터 기반 인재경영 도입 필요성'을 강조하는 프롬프트다.

- 보고 내용 + 맥락(강조 사항) + 보고 대상 + 시간의 구조로 프롬프트를 만들 수 있다.

> 다음 보고서는 데이터 기반 인재경영에 관한 내용이야. 우리 회사의 데이터 기반 인재경영 도입의 필요성을 제시하기 위한 CEO 보고용 1분 스피치 발표 스크립트를 알려줘.

 챗GPT 답변

CEO 보고용 1분 스피치 스크립트

지금은 인재경영 패러다임이 바뀌고 있습니다. 글로벌 기업들은 '직관 기반'에서 '데이터 기반'으로 인재 확보와 육성 방식을 전환하고 있습니다.

유니레버는 AI 기반 채용으로 적합도는 높이고 채용기간은 80% 단축했으며, 시스코는 내부 인재의 역량을 실시간으로 파악해 적시에 전략 배치를 가능케 했습니다. 아마존은 일일 피드백 데이터로 조직문화를 선제적으로 개선하고 있습니다.

우리 역시 인재의 잠재력을 *정량적으로 예측*하고, 이탈 위험을 *사전에* 식별하며, *역량 맞춤형 육성 전략*을 설계해야 할 시점입니다.

이를 위해서는 'HR 데이터 수집 → 분석 기반 의사결정 체계'로의 단계적 전환이 필요합니다. 첫걸음으로 채용·육성·조직문화 영역 중 하나에서 **파일럿 프로젝트**를 제안드립니다.

지금의 선택이, 앞으로 **조직 경쟁력의 격차**를 만들 것입니다.

스피치 구성의 핵심은 ① **글로벌 레퍼런스의 시사점** → ② **현재 우리 조직의 기회** → ③ **실행 제안**의 흐름입니다.

앞서 본 챗GPT의 답변보다 데이터 기반 인재경영 프로젝트를 추진해야 한다는 내용을 더 강조하고 있다. 특히 '① 글로벌 레퍼런스의 시사점 → ② 현재 우리 조직의 기회 → ③ 실행 제안'이라는 스토리를 알려줘, 다른 신규 프로젝트 보고 시 활용할 수 있을 것 같다.

아젠다별로 보고하기

위의 보고서 내용을 아젠다별로 보고할 수 있도록 만들 수도 있다.

다음 보고서에 대해 부문별 리더 대상 브리핑용 버전도 알려줘.

위와 같이 질문을 하면, 챗GPT가 해당 내용이 HR과 관련된 내용임을 파악해 채용, 역량개발 및 배치, 조직문화 및 운영 측면에서 간단히 보고할 수 있는 핵심 사항을 알려준다.

> 챗GPT 답변

부문별 리더 대상 브리핑 발표 스크립트

(총괄 리더가 각 리더십 회의에서 발표 시 사용할 수 있도록 구성)

오늘 말씀드릴 내용은, 단순한 HR 혁신이 아니라 **우리 조직의 경쟁력 자체를 좌우할 수 있는 핵심 전략 변화**에 대한 것입니다. 주제는 *데이터 기반 인재 경영*, 즉 HR 애널리틱스입니다.

LG경제연구원이 발표한 보고서에 따르면, 유니레버, 시스코, 아마존 등 선도 기업들은 이미 '**데이터 기반 HR 전략**'을 통해 인재 확보, 역량 강화, 조직문화 개선에서 실질적인 성과를 내고 있습니다.

1. **[채용부문]**
   - **유니레버 사례**는 매우 시사적입니다.
   - 기존의 주관적인 채용 프로세스에서 벗어나,
   - **AI 게임 + 영상 인터뷰 기반 스크리닝**으로
   - *채용 성공률은 63% → 80%, 채용기간은 4~6개월 → 4주, 비용은 25% 절감.*

   ☞ **[채용담당 리더에게 제언]**

   우리도 대규모 신입 채용 시, AI 기반 초기 스크리닝 파일럿을 도입해 볼 수 있습니다.

   특히 반복적 선발 업무, 서류전형 및 기본 인성 적합도 판단 등에 AI 시스템을 접목하면 실질적인 시간 절감과 품질 제고가 가능합니다.

2. [역량 개발 및 배치]

시스코의 '탤런트 클라우드'는 내부 인재 관리의 선진 사례입니다.

- 구성원이 스스로 역량을 업데이트하고,

4. [전략적 실행 관점에서의 제언]

데이터 기반 인재 경영은 단기간에 전환되기 어렵습니다. 보고서에서도 명시했듯이,

- 파일럿을 명확한 목표 아래 작게 시작하되,
- HR 외부 전문가, 데이터 분석 부서와의 협업 구조 구축,
- 조직 구성원이 참여하고 신뢰할 수 있는 데이터 커뮤니케이션 구조 설계가 핵심입니다.

마무리 제안

각 부문에서 사람과 관련된 핵심 Pain Point를 1~2개 선정해주시고, **데이터 기반 문제 진단 및 실행 가능한 실험을 다음 분기 안에 시작**하는 것을 제안드립니다. 필요 시, 전략기획 및 조직문화팀과 공동 실험 가능합니다.

핵심 요지는 이것입니다.

'HR'은 이제 단순한 지원 조직이 아니라, 데이터를 기반으로 한 ***경쟁력의 최전선***입니다.

각 리더 여러분이 이 변화를 주도해 주시기를 기대합니다.

달인의 킥
텍스트 시각화 AI "냅킨AI"로 디자이너 되기

"텍스트를 시각적 이미지로 변환하여 아이디어를 빠르고 효과적으로 공유할 수 있도록 도와준다." 냅킨 AI는 홈페이지의 메시지처럼 텍스트를 시각화해주는 도구로, 다이어그램, 플로우차트, 인포그래픽 등을 만들 수 있다. 냅킨의 미션은 모든 사람이 커뮤니케이션에서 비주얼의 힘을 발휘할 수 있도록 하는 것이고, 훌륭한 스토리텔러가 될 수 있도록 도와주는 역할을 하는 것이 목표다.

냅킨의 시각화 수준은 매우 뛰어나기 때문에 제품소개서나 IR 자료 등에 활용하면 많은 도움이 된다. 서비스 이용법은 간단하다.

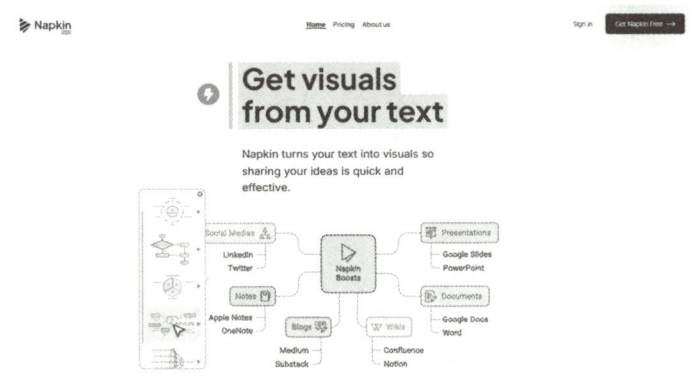

[그림 1] 냅킨AI 메인 화면

① 냅킨AI 로그인 후 ② 좌측 상단의 'New Napkin' 버튼을 클릭하면 'Draft with AI', 'Import From File', 'Blank Napkin' 등의

3가지 메뉴가 등장한다. 'Draft with AI'는 시각화할 텍스트를 AI로 생성한 후 시각화를 진행하는 기능이다. 'Import From File'은 시각화할 텍스트 파일의 불러오기, 'Blank Napkin'은 냅킨에 직접 텍스트를 입력하는 기능이다. ③ AI 기능을 파악하기 위해 'Draft with AI'를 클릭하면 'Generating text using AI'라는 생성할 텍스트 주제 입력창이 나온다. 원하는 주제를 입력하고 'Continue' 버튼을 클릭한다. 예를 들어 '수평적 조직문화 구축'이라 입력하면 된다.

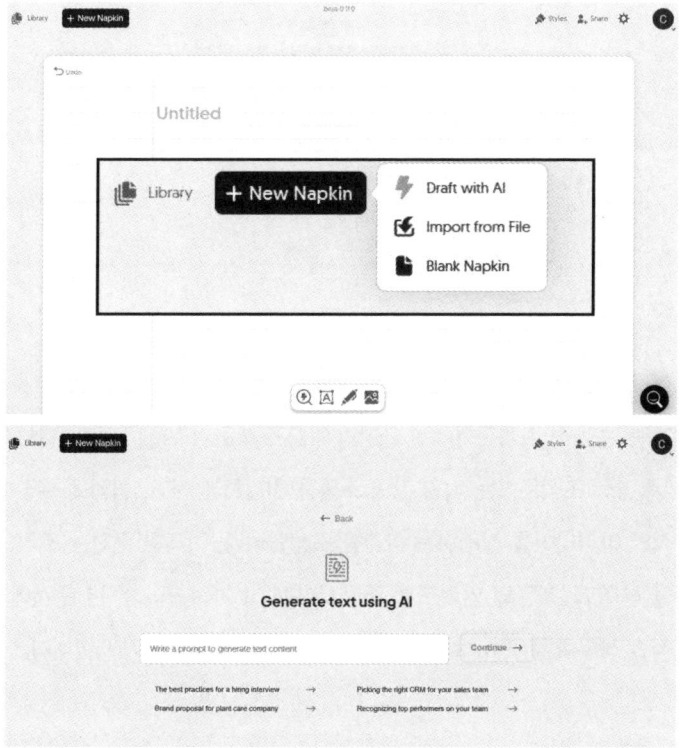

[그림2, 3, 4] 냅킨AI 로그인 화면(①)과 작업 버튼(②), 텍스트 생성 창(③)

입력 결과 일반적인 생성형 AI 서비스처럼 A4 1장 분량 정도의 텍스트가 다음과 같이 생성된다.

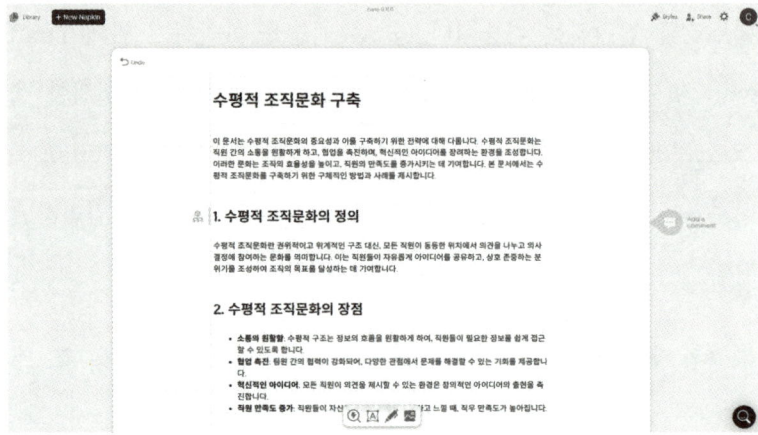

[그림 5] 수평적 조직문화 구축 텍스트 생성 결과

 냅킨AI 답변

수평적 조직문화 구축

이 문서는 수평적 조직문화의 중요성과 이를 구축하기 위한 전략에 대해 다룹니다. 수평적 조직문화는 직원 간의 소통을 원활하게 하고, 협업을 촉진하며, 혁신적인 아이디어를 장려하는 환경을 조성합니다. 이러한 문화는 조직의 효율성을 높이고, 직원의 만족도를 증가시키는 데 기여합니다. 본 문서에서는 수평적 조직문화를 구축하기 위한 구체적인 방법과 사례를 제시합니다.

1. 수평적 조직문화의 정의

수평적 조직문화란 권위적이고 위계적인 구조 대신, 모든 직원이 동등한 위치에서 의견을 나누고 의사결정에 참여하는 문화를 의미합니다. 이는 직원들이 자유롭게 아이디어를 공유하고, 상호 존중하는 분위기를 조성하여 조직의 목표를 달성하는 데 기여합니다.

2. 수평적 조직문화의 장점

소통의 원활함: 수평적 구조는 정보의 흐름을 원활하게 하여, 직원들이 필요한 정보를 쉽게 접근할 수 있도록 합니다.

협업 촉진: 팀원 간의 협력이 강화되어, 다양한 관점에서 문제를 해결할 수 있는 기회를 제공합니다.

혁신적인 아이디어: 모든 직원이 의견을 제시할 수 있는 환경은 창의적인 아이디어의 출현을 촉진합니다.

직원 만족도 증가: 직원들이 자신의 의견이 존중받고 있다고 느낄 때, 직무 만족도가 높아집니다.

3. 수평적 조직문화 구축을 위한 전략

3.1. 의사소통 채널 개선

정기적인 팀 회의와 피드백 세션을 통해 직원들이 자유롭게 의견을 나눌 수 있는 기회를 제공합니다. 디지털 플랫폼을 활용하여 실시간으로 소통할 수 있는 환경을 조성합니다.

3.2. 권한 위임

직원들에게 의사결정 권한을 부여하여, 그들이 자신의 역할에 대해 책임감을 느끼도록 합니다. 프로젝트 팀에 자율성을 부여하여, 팀원들이 스스로 문제를 해결할 수 있도록 지원합니다.

3.3. 교육 및 훈련

수평적 조직문화의 중요성을 이해하고 실천할 수 있도록 교육 프로그램을 운영합니다.

팀워크와 협업 능력을 향상시키기 위한 워크숍을 개최합니다.

3.4. 성과 인정

팀의 성과를 인정하고 보상하는 시스템을 마련하여, 직원들이 동기부여를 받을 수 있도록 합니다. 개인의 기여를 강조하여, 모든 직원이 조직의 성공에 기여하고 있다는 느낌을 받을 수 있도록 합니다.

4. 사례 연구

수평적 조직문화를 성공적으로 구축한 기업의 사례를 분석하여, 그들이 어떤 전략을 사용했는지 살펴봅니다. 예를 들어, 구글은 직원들이 자유롭게 아이디어를 제안하고 실험할 수 있는 환경을 조성하여 혁신을 이끌어내고 있습니다.

결론

수평적 조직문화는 현대의 빠르게 변화하는 비즈니스 환경에서 필수적인 요소입니다. 이를 통해 조직은 더 나은 성과를 달성하고, 직원들은 더 높은 만족도를 느낄 수 있습니다. 본 문서에서 제시한 전략을 통해 수평적 조직문화를 성공적으로 구축할 수 있기를 바랍니다.

생성된 텍스트 중 '수평적 조직문화의 장점'의 내용의 텍스트 위에 마우스를 가져가 해당 부분을 선택하면 번개 모양 아이콘이 나타난다. 이 아이콘을 클릭하면 텍스트를 시각화한 다양한 이미지가 나타난다. 이 이미지 중 원하는 이미지를 클릭 후 'Style▶' 버튼을 누르면 해당 텍스트와 관련된 다양한 디자인이 출력된다.

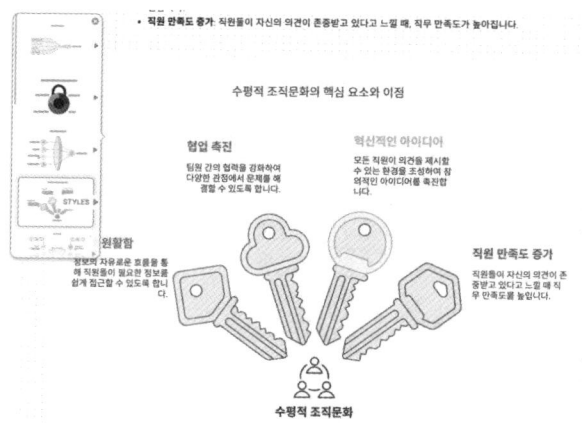

[그림 6] 텍스트 시각화 이미지 선택

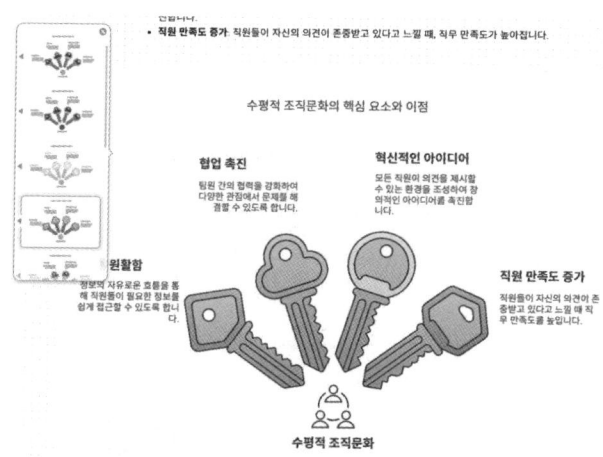

[그림 7] 동일한 이미지에 대한 다양한 디자인 예시

선택한 이미지는 PNG, PPT, PDF 등의 파일로 다운로드 가능하며, 특히 PPT에서 해당 이미지의 텍스트뿐만 아니라 그림도 수정이 가능하다.

[그림 8] 최종 이미지

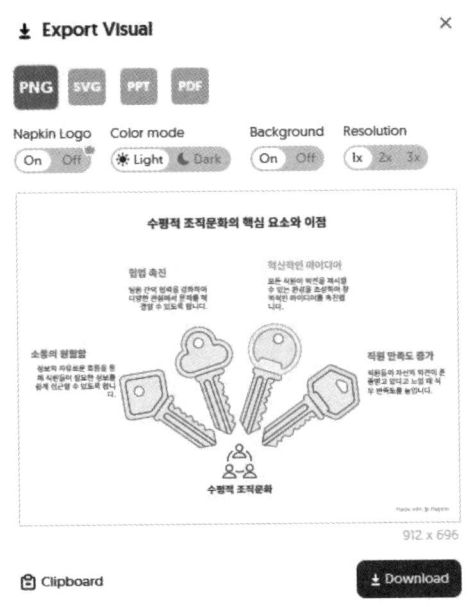

[그림 9] 이미지 다운로드 화면

이미지 위에 마우스를 가져가면 이미지 우측 상단에 다운로드 이모티콘이 나오는데, 'Export'를 클릭하면 다운로드받을 수 있다.

[그림 10] 이미지 다운로드 버튼

최종 이미지는 동일한 유형의 시각화 패턴으로 디자인 수정이 가능하다. 다운로드 버튼이 있던 메뉴 좌측을 클릭하면 'Change Style' 아이콘이 있는데, 해당 아이콘을 클릭하면 다음과 같이 수정 가능한 디자인 옵션이 나타난다.

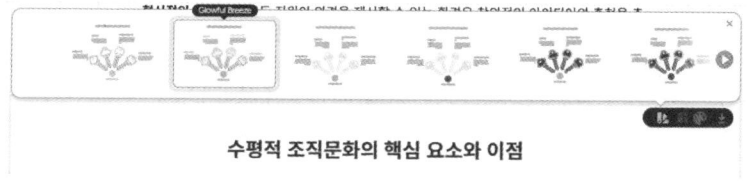

[그림 11] 이미지 스타일 수정 화면

다음은 생성된 텍스트 중 '3. 수평적 조직문화 구축을 위한 전략' 파트의 텍스트를 시각화한 이미지다. 이런 형태로도 시각화할 수 있다.

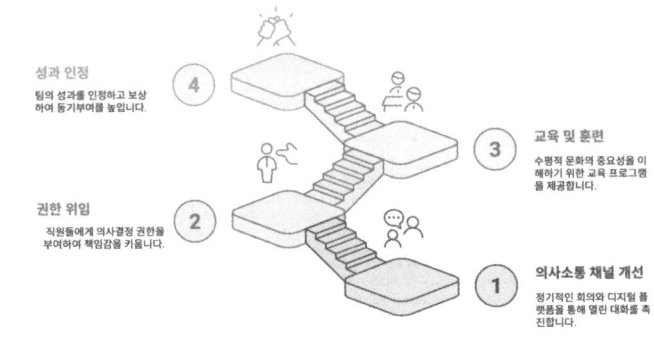

[그림 12] 수평적 조직문화 구축 텍스트의 시각화

이렇게 냅킨에서 만든 시각화 이미지를 포함한 수평적 조직문화 구축 보고서는 PDF 파일로도 다운로드 가능하다.

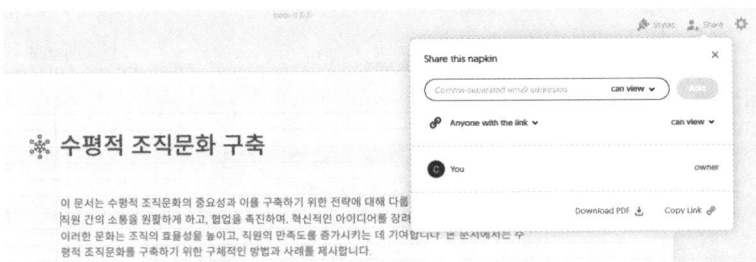

[그림 13] 시각화 보고서 전체 다운로드

한 걸음 더
"펠로"로 시장보고서 작성하기

시장보고서 작성은 데이터를 찾는 데 시간이 많이 걸릴 뿐만 아니라 내용 구성 또한 쉽지 않다. 그런데 시장보고서에 특화된 AI가 있다. 바로 앞서 본 펠로다. 펠로는 다른 생성형 AI 서비스와 달리 펠로 에이전트라는 이름으로 다양한 에이전트를 제공한다.

펠로는 앞서 설명했듯이 정확한 AI 텍스트 번역, 유튜브 영상 요약 도구, 웹 페이지 요약 도구, 초간편 AI PPT 제작 마스터, 마인드맵 생성기부터 시작해 기업 연구 보고서, 산업 전문 연구 보고서, 시장 연구 분석 보고서 등 전문적인 내용의 보고서까지 작성할 수 있는 에이전트를 제공한다.

시장보고서 작성을 위해서는 좌측의 펠로 에이전트 메뉴를 클릭한다. 그러면 다양한 에이전트들이 나오는데, 그중 '시장 연구 분

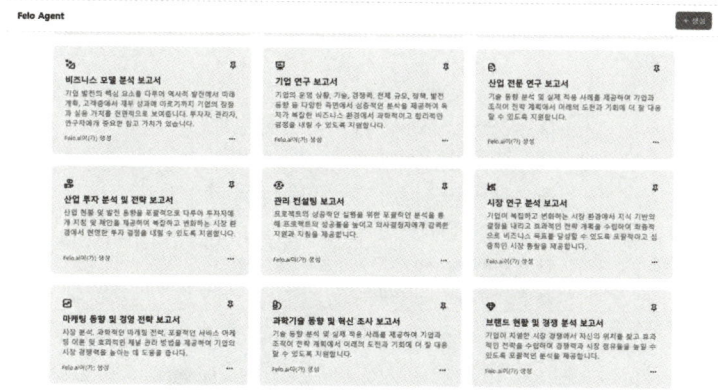

[그림 1] 기업 및 산업 보고서 관련 펠로 에이전트

석 보고서'를 클릭한다.

시장 연구 분석 보고서 화면이 나오면, 텍스트 입력창에 분석하려는 산업을 입력한다. 여기서는 'AI 헬스케어 산업'을 입력했다.

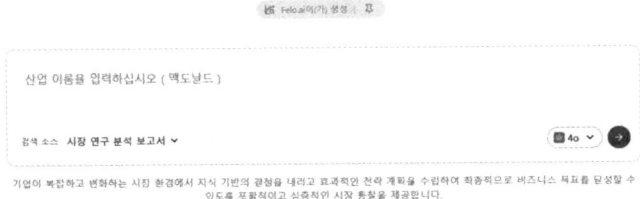

[그림 2] 시장 연구 분석 보고서 에이전트 화면

시장 연구 분석 보고서 에이전트가 그림 3과 같이 목차를 제시해준다. 보고서 작성을 위한 계획 단계로 AI 헬스케어 산업과 관련해서 시장규모 및 성장 동향, 제품 구조 및 분류부터 시작해 산업의 사례 분석까지 총 7개의 목차를 제시했다. 각 목차는 수정이 가능하다. 검색 아이콘을 클릭하면, 웹 검색, 학술적, 소셜 토론, 대화 등

[그림 3] 보고서 목차 구성

의 옵션을 선택할 수 있다. 동일한 주제라도 학술 논문과 관련된 사항이라면 '학술적'을 선택하면 된다. 여기서는 웹 검색을 선택했다. 검색 방법까지 선택했다면, '실행' 버튼을 클릭한다.

[그림 4] 검색 방법 지정

펠로가 문제를 이해하고, 심층검색을 통해 시장보고서를 작성해준다. 걸리는 시간은 대략 3분 내외다. 보고서 작성이 완료되면, 보고서를 받을 수 있는 창이 나온다. '보고서 받기' 버튼을 클릭한다.

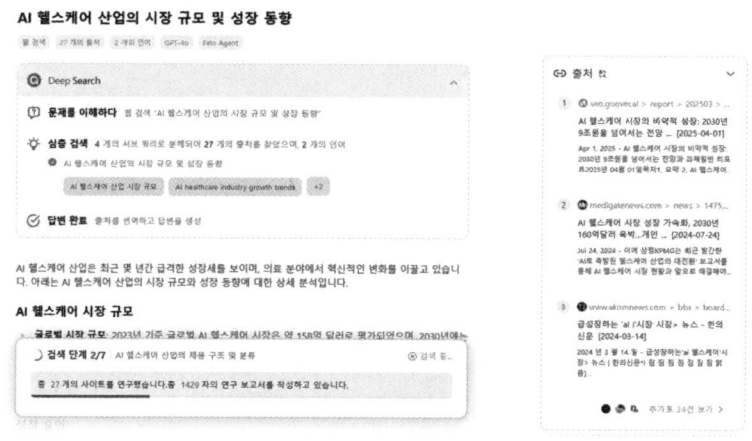

[그림 5] 보고서 작성을 위한 검색 단계

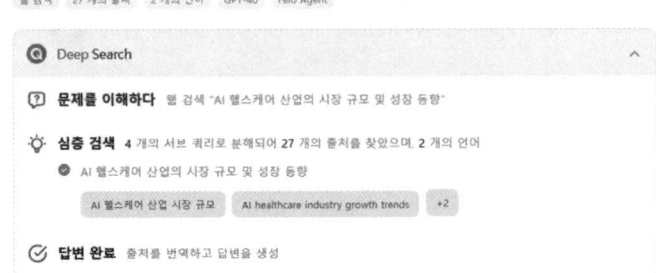

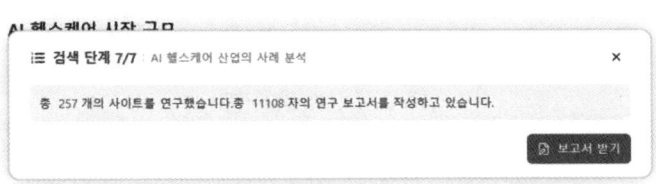

[그림 6] 검색 완료 후 보고서 받기

그 결과 다음과 같이 작성된 보고서를 볼 수 있다.

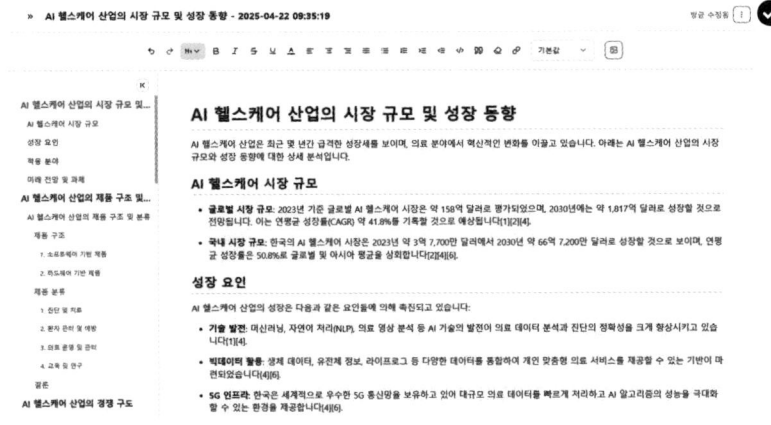

[그림 7] 작성된 보고서 화면

그림 7 우측 상단의 네모 박스(✓)를 클릭하면 프레젠테이션 생성, 마인드맵 생성부터 PDF나 워드로 문서를 다운받을 수 있다. 프레젠테이션 생성 결과, 총 33장으로 구성된 PPT 보고서가 완성되었다.

[그림 8] 프레젠테이션 생성을 통해 만든 PPT 보고서

부록

기본 팁. PDF 파일 한글 깨짐 문제
부록 1. 골치 아픈 설문조사 설계 끝내주는 프롬프트
부록 2. 복잡한 데이터 분석 끝내주는 프롬프트
부록 3. 차별화된 차트 맡아주는 프롬프트
부록 4. 워드 클라우드 맡아주는 프롬프트
부록 5. 이미지 맡아주는 프롬프트
부록 6. 인포그래픽 맡아주는 프롬프트

기본 팁. PDF 파일 한글 깨짐 문제

챗GPT로 PDF나 워드 파일로 문서를 만들어달라고 요청했는데, 막상 파일을 다운로드받아 보니 글자가 다 깨지는 경우가 있다. 이럴 땐 당황하지 말고 컴퓨터의 Windows > Fonts 폴더로 들어가 한글 폰트를 확인하고, 챗GPT 대화창에 글꼴 파일을 업로드한 후 다음과 같이 질문하면 된다.

> 다음 한글 글꼴 파일(혹은 폰트 파일)을 활용해 PDF 파일 내 한글이 깨지지 않게 다시 만들어줘.

챗GPT는 이미지 내 한글이 있을 때도 글자가 모두 깨져 보이는 경우가 많은데, 동일한 방법으로 이미지 내 한글도 읽을 수 있게 만들 수 있다.

부록1. 골치 아픈 설문조사 설계 끝내주는 프롬프트

클로드로 설문 항목 만들기

조직 구성원의 직무 만족도 분석 항목 답변(1장)에 이어 다음과 같이 설문 항목을 만들어달라고 요청하면 설문지를 만들 수 있다. 참고로 인터뷰 질의서, 설문지 작성 등은 하나의 창에서 작업하면 좋다. 예를 들어 직무 만족도라면, 직무 만족도 구성과 관련한 질문을 하나의 창에서 설문지 작성 요청까지 하면 좋다는 뜻이다. 해당 창에서 작업을 하면 새로운 창에서 할 때보다 질문자의 의도를 생성형 AI가 이해하기 쉽기 때문이다.

> 조직 만족도를 분석하기 위한 설문 항목도 만들어줘. 설문 항목은 5점 척도로 평가할 수 있게 표로 만들어줘.

설문지 항목은 ● **카테고리 + 질문 항목 + 척도**로 구성해야 실제 활용 가능한 설문지가 만들어진다. 만약 자신이 직무 만족도 항목을 이미 설계했다면, 해당 항목을 입력한 후 이를 바로 설문지로 만들어달라고 요청할 수도 있다.

 클로드 답변

조직 직무 만족도 분석 설문지

안녕하십니까? 본 설문조사는 조직 구성원의 직무 만족도를 파악하여 더 나은 근무환경을 조성하기 위해 실시됩니다. 솔직하고 정확한 응답을 부탁드립니다. 귀하의 응답은 익명으로 처리되며 통계자료로만 활용됩니다.

응답 방법

각 항목에 대해 1점(매우 불만족)부터 5점(매우 만족)까지 해당하는 점수에 체크(v)해 주십시오.

번호	카테고리	설문항목	1점	2점	3점	4점	5점
1	업무 내용과 역할						
1-1	업무 내용	현재 담당하고 있는 업무의 난이도는 적절하다.	☐	☐	☐	☐	☐
1-2	업무 내용	현재 담당하고 있는 업무량은 적정하다.	☐	☐	☐	☐	☐
1-3	업무 내용	내 업무는 내 역량과 전문성을 충분히 활용할 수 있다.	☐	☐	☐	☐	☐
1-4	업무 내용	내 업무는 다양성과 도전적인 과제를 제공한다.	☐	☐	☐	☐	☐
1-5	업무 내용	업무 수행에 필요한 의사결정 권한이 충분히 주어진다.	☐	☐	☐	☐	☐

주관식 문항

1. 현재 조직에서 가장 만족스러운 부분은 무엇입니까?
2. 개선이 필요하다고 생각하는 부분은 무엇입니까?
3. 직무 만족도를 높이기 위한 제안 사항이 있다면 자유롭게 기술해 주십시오.

　　클로드는 총 6개 카테고리, 카테고리별 5개 문항을 실제 설문지처럼 설문 개요, 설문 항목, 주관식 문항 등을 넣어서 실무에 바로 쓸 수 있도록 만들어준다. 심지어 주관식 문항까지 알아서 알려준다. 클로드의 답변 표를 조금만 수정하면 설문지를 직접 만드는 데 많은 시간을 할애하지 않아도 충분히 쓸 만한 설문지를 만들 수 있다.

　　제미나이의 강점은 그림 1의 설문 항목 답변 아래 'Sheets로 내보내기'라는 기능(그림 2)을 통해 엑셀 파일 및 PDF 파일로 저장이 가능하다는 점이다.

◆ **조직 만족도 분석을 위한 설문 항목 (5점 척도)**

번호	카테고리	설문 항목	1점 (매우 불만족)	2점 (불만족)	3점 (보통)	4점 (만족)	5점 (매우 만족)
1	직무 자체	현재 직무 내용이 다양하고 흥미롭다고 생각하십니까?					
2	직무 자체	직무 수행을 통해 성취감과 자부심을 느낍니까?					
3	직무 자체	현재 직무가 자신의 능력, 기술, 경험과 잘 부합한다고 생각하십니까?					
4	직무 자체	자신의 직무가 조직에 중요한 기여를 한다고 생각하십니까?					
5	보상 및 복지	현재 급여 수준이 적절하고 공정하다고 생각하십니까?					

[그림 1] 제미나이 답변(일부)

⊞ Sheets로 내보내기

[그림 2] Sheets로 내보내기

한글 파일로 설문지를 만든다면 클로드가 더 유용할 수 있다. 참고로 챗GPT 또한 제미나이처럼 설문 항목표 답변을 얻은 다음에 엑셀 파일로 만들어달라고 하면 엑셀 파일로 다운로드받을 수 있다.

부록2. 복잡한 데이터 분석 끝내주는 프롬프트

논리와 분석에 탁월한 역량을 보유한 생성형 AI는 내게 분석 아이디어가 없어도 분석에 대한 다양한 아이디어를 제공한다. 그렇기 때문에 정말 아무것도 모를 때는 당황하지 말고 "분석해줘"라고 요청하자. 이 한마디로 어떤 분석이든 도출해낼 수 있다. 기본 분석을 넘어 심화 분석이 필요하다면 해당 데이터를 어떻게 분석하면 좋을지 물어볼 수도 있다. 또한 내가 원하는 분석 결과물이 있다면, 그런 결과물을 얻기 위해서 어떤 분석을 진행하면 되는지도 요청할 수 있다.

아무것도 모를 때는 이렇게 해보자

다음은 아무것도 모를 때 활용 가능한 가장 기본적인 분석이다. 엑셀 파일을 첨부한 후, 다음과 같이 "분석해줘"라고 한다. 하지만 이 질문은 정말 어떻게 해야 할지 모를 때 하는 게 좋다. 분석이 단편적이기 때문이다.

> 우리 회사의 직무 만족도 설문조사 결과야. 각 설문 항목에 대해 분석해줘.
> (분석 대상 엑셀 파일 첨부)

챗GPT 답변

- 사회로부터의 인정(3.75), 팀장의 업무처리 능력(3.66), 팀원들 간의 인간관계(3.63)가 비교적 높은 만족도를 보였고,
- 상사의 팀원 관리 역량(3.39)과 팀원의 업무 성취감(3.48)은 상대적으로 낮은 편입니다.
- **표준편차**가 높은 항목일수록 의견이 엇갈렸다고 볼 수 있는데, 특히 '상사의 팀원 관리 역량'은 평균도 낮고 표준편차도 커서 조직 내 불만 요인일 가능성이 높습니다.

실무에 활용하려면

앞선 분석보다 의미 있고 실무에 활용할 수 있는 분석을 얻으려면 ● **분석 기준 + 분석 방법 + 시사점** 형태의 질문으로 접근하자. 이를 통해 의미 있는 분석 결과를 얻을 수 있다. 다음과 같이 '인구통계학적 특성(분석 기준) + 교차 분석(분석 방법) + 시사점'을 결합해 질문해보자. 그러면 어떤 항목의 높고 낮음이 아니라 과제를 도출할 수 있는 분석 결과를 볼 수 있다.

> 인구통계학적 특성에 따른 설문 항목에 대한 교차 분석을 하고(혹은 교차 분석 결과와 함께), 시사점을 제시해줘.

> 🤖 **챗GPT 답변**

1. 세대별 인식 차이
- **연령이 낮을수록 '상사의 팀원 관리 역량'에 대한 만족도가 높은 경향**이 있습니다. 특히 20대 이하 남성 팀원 그룹에서 이 항목 평균이 4.0으로 상대적으로 높습니다.
- 반면 40대 이상에서는 전반적으로 낮은 점수(3.0 이하)가 나타나며, 이는 조직 내 세대 간 기대치 차이 또는 관리자 리더십 방식의 세대 적합성 부족 가능성을 시사합니다.

2. 근속기간에 따른 정체감 변화
- **5년 미만 근속자**는 대체로 '팀원의 업무 성취감', '사회로부터의 인정' 항목에 비교적 긍정적인 반응을 보였지만,
- **10년 이상 근속자**는 '업무 성취감'과 '상사의 팀원 관리 역량'에서 **3.0 이하의 평균값**이 많았습니다.
- 이는 장기근속자일수록 성취감 및 리더에 대한 기대치와 현실 간 괴리를 느낄 가능성이 있음을 보여줍니다.

3. 직책별 차이
- **팀장급 이상**은 '팀원들 간의 인간관계'에 대해 더 긍정적인 응답을 보이는 반면, **팀원들은 동료 간 관계나 인정 등에 더 민감하게 반응**하는 경향이 있었습니다.
- 특히 팀원 그룹에서는 **'팀원의 성취 인정' 항목의 점수가 낮은 편**이었으며, 이는 인정받는 문화의 필요성을 시사합니다.

4. 성별 차이
- **여성 응답자**는 전반적으로 모든 항목에서 **남성보다 다소 낮은 평균 점수**를 보였으며, 특히 **'사회로부터의 인정'과 '업무 성취감'에서의 만족도 차이**가 나타났습니다.
- 이는 성별 인식 차이나 조직 내 유리천장에 대한 무의식적 불만이 존재할 수 있음을 시사합니다.

종합 시사점
- **세대/경력/직급별 맞춤형 리더십 및 커뮤니케이션 개선 전략**이 필요합니다.
- **장기근속자 대상 리엔게이지먼트 프로그램**(e.g. 경력개발, 인정 제도 개선 등)이 요구됩니다.
- **여성 직원 대상 정서적 만족도 제고 정책**(피드백, 경력 성과 인정 등)이 중요합니다.
- **직책 간(팀원-관리자) 성과 인정 및 피드백 문화 개선**을 통해 신뢰 기반을 강화해야 합니다.

챗GPT는 인구통계학적 특성별로 세부적인 분석을 제시하고 그에 따른 직무 만족도 제고 전략도 간단히 제시했다. 특히 각 분석에서 의미 있는 사항에 대해 "특히 팀원 그룹에서는 **'팀원의 성취 인정' 항목의 점수가 낮은 편**이었으며, 이는 인정받는 문화의 필요성을 시사합니다"라고 답변했는데, 만약 이런 특이 사항이 있다면 이와 관련해 챗GPT에게 다음과 같이 질문하면 된다.

> 왜 팀원의 성취 인정 항목이 다른 점수보다 낮은지 구체적인 원인을 파악해줘.

 챗GPT 답변(일부)

원인 분석 (가설 기반)

관점	구체적 원인
조직문화	- 공식적인 성과 인정 제도 부재 - '성과는 당연한 것'이라는 인식이 팽배 - 상하 위계가 강한 문화로 칭찬보다는 지적 중심 커뮤니케이션
관리자의 피드백 부족	- 성과에 대한 구체적 피드백이나 칭찬 전달 부족 - 관리자 교육 미비로 피드백을 주는 방법을 모름
세대/경력 차이	- MZ 세대 및 초기 입사자는 '작은 성취에도 인정받기를 기대'하는 반면 - 장기근속 관리자들은 '성과는 일의 일부'로 간주
여성 인식 문제	- 여성 직원이 다소 소외감을 느끼는 환경일 가능성 - 같은 성과를 내도 인정받지 못한다고 느끼는 구조적 불평등
업무 평가의 불투명성	- 누가 어떤 성과를 내었는지 **정량화된 기준이 없고**, 상사의 주관에 의존 - 이로 인해 성과 인정이 불공정하게 느껴짐

클로드는 인구통계학적 특성별 분석 결과와 함께 리더십 개발 필요성, 경력 단계별 맞춤형 지원, 성별 격차 해소, 인정과 보상 시스템 개선 등의 시사점을 제시했다. 챗GPT가 카테고리별로 시사

점을 제시했다면, 클로드는 시사점 목차에 카테고리별 시사점을 제시하고 성별, 연령 등의 각 카테고리에 대해서는 세부 특성별 결과를 모두 제시했다. 예를 들어 연령에 대해 20대부터 50대 이상까지 연령대별 결과를 모두 분석해 보여줬다.

 클로드 답변

인구통계학적 특성에 따른 설문 항목 교차 분석 결과

제공된 데이터를 분석한 결과, 다음과 같은 주요 발견점이 있습니다:

1. 성별에 따른 차이

- **남성과 여성의 인식 차이**: 전반적으로 남성(평균 3.7)이 여성(평균 3.5)보다 모든 항목에서 약간 더 높은 점수를 부여하는 경향이 있습니다.
- **개인 능력 발휘 기회**: 남성(3.8)이 여성(3.6)보다 더 많은 기회를 인식하고 있습니다.
- **상사의 팀원 관리 역량**: 남성(3.5)이 여성(3.3)보다 상사의 관리 역량을 더 높게 평가합니다.

2. 연령에 따른 차이

- **29세 이하:** 젊은 직원들은 팀원들 간의 인간관계(3.8)에 대해 상대적으로 높은 평가를 하지만, 업무 성취 인정(3.2)에 대해서는 낮게 평가합니다.

〰️〰️〰️〰️〰️〰️

4. 직책에 따른 차이

- **팀장 vs. 팀원**: 팀장(평균 3.8)은 팀원(평균 3.6)보다 전반적으로 더 높은

점수를 부여합니다.
- **팀장**: 특히 팀장의 업무처리 능력(4.0)과 개인의 능력 발휘 기회(3.9)에 대해 높게 평가합니다.
- **팀원**: 팀원들 사이에서는 팀원들 간의 인간관계(3.6)가 가장 높은 점수를 받았고, 업무 성취 인정(3.2)이 가장 낮은 점수를 받았습니다.

5. 설문 항목 간 상관관계
- **높은 상관관계**: '팀원의 업무 성취감'과 '팀원의 업무 성취 인정' 사이 (0.85), '개인의 능력 발휘 기회'와 '사회로부터의 인정' 사이(0.82)에 높은 상관관계가 있습니다.
- **중간 상관관계**: '상사의 팀원 관리 역량'과 '팀장의 업무처리 능력' 사이 (0.76)에 중간 정도의 상관관계가 있습니다.

시사점
1. **리더십 개발 필요성**: 상사의 팀원 관리 역량과 업무 성취 인정에 대한 점수가 상대적으로 낮은 것으로 보아, 리더십 개발 프로그램이 필요합니다.
2. **경력 단계별 맞춤형 지원**: 근속기간 5~10년 직원들의 만족도가 전반적으로 낮은 것은 중기 경력 위기를 나타낼 수 있으므로, 이 그룹에 대한 맞춤형 경력 개발 프로그램이 필요합니다.
3. **성별 격차 해소**: 여성이 남성보다 대부분의 항목에서 낮은 점수를 부여한 것은 성별에 따른 경험 차이를 나타낼 수 있으므로, 성별 격차 해소를 위한 정책이 필요합니다.
4. **인정과 보상 시스템 개선**: '업무 성취 인정'이 전반적으로 낮은 점수를 받은 것은 현재의 인정과 보상 시스템이 효과적이지 않을 수 있음을 시사합니다.
5. **세대 간 이해 증진**: 연령대별로 다른 인식 패턴이 나타나므로, 세대 간 이해를 증진시킬 수 있는 프로그램이 유용할 것입니다.

6. **팀 간 협력 강화**: 팀원들 간의 인간관계가 상대적으로 높은 점수를 받았지만, 이를 업무 성과로 연결하는 데는 어려움이 있을 수 있으므로, 팀 간 협력을 강화하는 방안이 필요합니다.
7. **팀장-팀원 인식 차이 해소**: 팀장과 팀원 사이의 인식 차이를 해소하기 위한 소통 채널을 강화할 필요가 있습니다.

클로드는 무료 버전에서는 엑셀 파일이 첨부되지 않는다. 하지만 엑셀 시트를 복사해 붙여넣기만 해도 엑셀 파일 첨부와 동일하게 무료로 결과 분석이 가능하다.

부록3. 차별화된 차트 말아주는 프롬프트

생각보다 많은 사람들이 데이터 분석 결과를 어떤 차트로 만들어야 하는지 잘 모른다. 그럴 때는 간단하게 "내가 이런 분석 결과물을 원하는데, 어떤 차트로 만들면 좋을까?"라고 물어보면 된다. 혹은 "내가 이런 점을 강조하고 싶은데, 이와 관련해 가장 적합한 차트는 뭐야?"라고 질문할 수도 있다.

차트를 위한 기본 프롬프트는 ● **데이터 유형 + 차트 유형**으로 구성된다. 예를 들어, "다음은 성별에 따른 직무 만족도 데이터야. 막대그래프로 차트를 만들어줘"라고 하면 된다. 생성형 AI는 데이터 구조를 알아서 파악해 적합한 차트로 만들어주기 때문에 잘 모르겠다면 그냥 "차트를 만들어줘"라고 요청해보자. 여기서는 앞서 분석했던 동일한 대화창에서 다음과 같이 질문했다.

> 지금까지의 데이터 분석 결과를 차트로 만들어줘.

차트 유형은 가로·세로 막대형, 꺾은선형, 원형, 영역형, 분산형, 방사형 등 다양하기 때문에 분석 목적이나 데이터 항목에 맞는 차트 스타일 있다면 직접 요청해보자. 그러면 남들과 차별화된 보고서를 만들 수 있다.

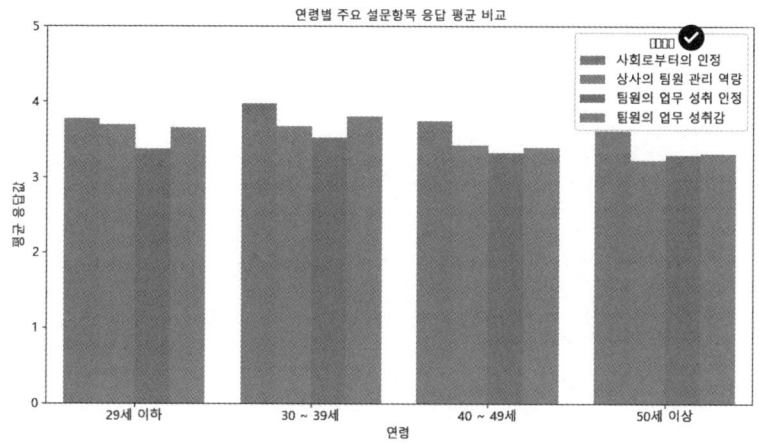

[그림 1] 챗GPT_데이터 시각화_연령대 예시

챗GPT 질문 결과, 연령, 성별, 근속기간, 직책 등 총 4개의 설문 항목 그래프가 만들어졌다. 챗GPT는 한글을 인식하지 못해 글꼴 깨짐(✓)이 발생하기 때문에 한글 글꼴을 첨부한 후 해당 글꼴을 활용해 차트를 다시 만들어달라고 하면 된다.

차트가 너무 연하고 차트에 분석값이 표시되어 있지 않아 "차트에 응답 결괏값을 숫자로 표시해줘", "차트 안의 색깔을 조금 더 구분되게 바꿔줘"라고 두 번 질문했다. 그 결과 그림 2와 같은 차트가 만들어졌다.

범례에 글꼴 깨짐이 있었는데, 이런 경우 정확하게 질문해야 한다. "차트 내 깨진 글자는 삭제해줘. 네모박스 같은"이라고 하면 인식을 못 한다. "범례에 있는 깨진 네모박스를 삭제해줘"라고 해야 그림 3과 같이 깨진 글꼴이 설문 항목으로 제대로 표시된다.

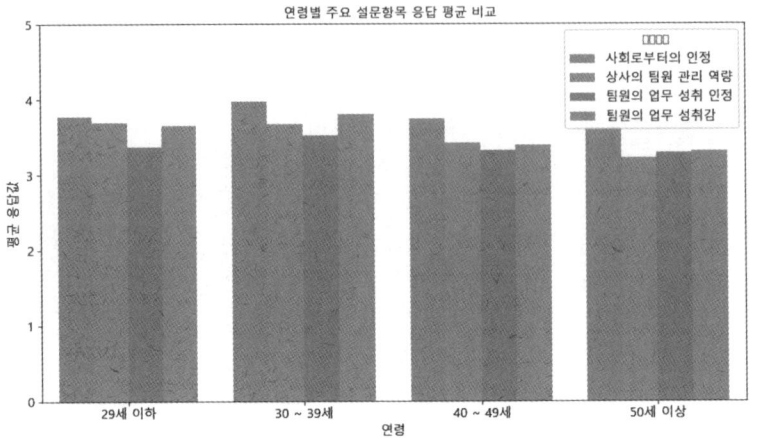

[그림 2] 챗GPT_그래프 색을 바꾼 차트

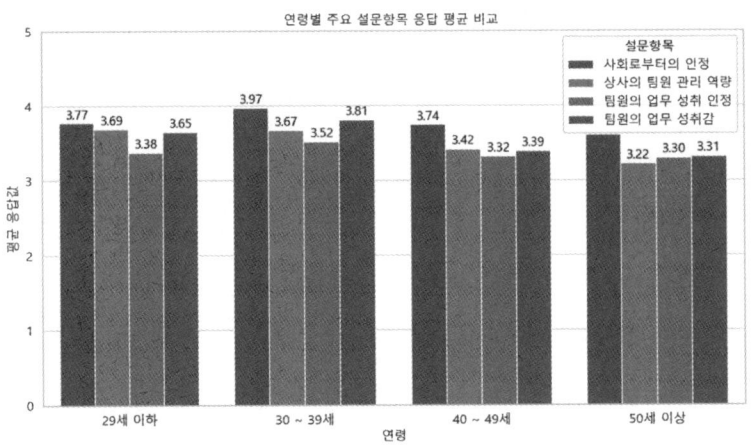

[그림 3] 챗GPT_깨진 글꼴이 없는 차트

차트 스타일을 바꾸고 싶다면 "위의 차트를 꺾은선형으로 바꿔줘"라고 하면 된다.

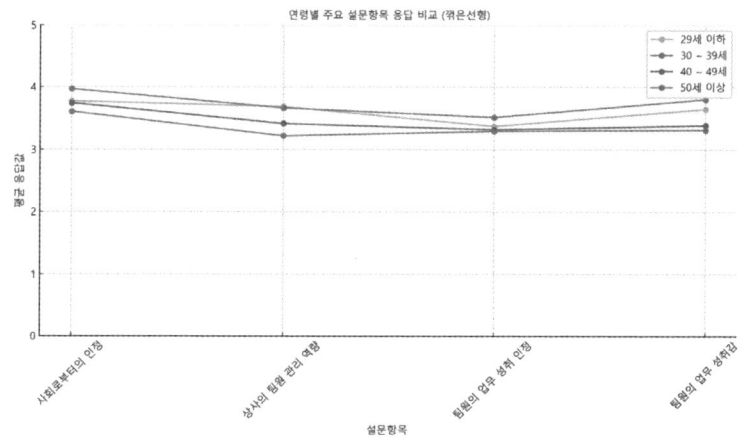

[그림 4] 챗GPT_꺾은선형 차트로 변환

　　클로드는 무료 버전에서도 차트를 만들어준다. 참고로 퍼플렉시티는 무료 버전에서 차트를 생성할 수 있는 파이썬 코드를 만들어주기 때문에 구글 코랩에서 해당 코드를 입력하고 실행하면 차트를 만들 수 있다. 하지만 가장 쉬운 방법은 챗GPT의 활용이다.

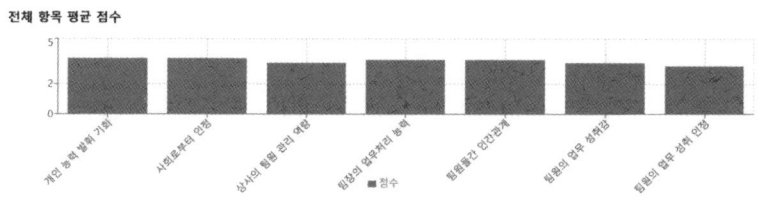

[그림 5] 클로드 답변

부록4. 워드 클라우드 말아주는 프롬프트

워드 클라우드는 텍스트 데이터에서 단어의 출현 빈도나 중요도를 시각적으로 표현하는 빅데이터 시대의 핵심 도구로 텍스트 분석, 데이터 시각화, 키워드 탐색 등 다양한 분야에서 활용되고 있다. 단어들이 모여 있는 모습이 구름처럼 보이기 때문에 클라우드라고 부르는데, 단어의 크기는 일반적으로 단어의 출현 빈도에 비례해 자주 등장할수록 크고 굵게 표시된다. 단어의 색상은 미적 요소인 경우가 대부분이지만 주제나 감정을 구분할 때 다르게 표현하기도 한다.

워드 클라우드는 리뷰 데이터나 문서를 수집해 만들 수 있는데, 예를 들어 정부의 국정과제, 신년사를 워드 클라우드로 만들어 보면 핵심이 금방 눈에 들어온다.

PDF 문서에 대한 워드 클라우드 분석 질문은 간단하다. ● **보고서 제목 + 워드 클라우드** 형태로 질문한다. 참고로 챗GPT 같은 생성형 AI는 높은 확률로 글꼴 깨짐 현상이 발생하는데, 이를 사전에 방지하기 위해서는 한글 폰트를 첨부해 해당 글꼴을 활용해서 해달라고 하면 두 번 작업할 필요가 없다.

> 경고등 켜진 한국 밀레니얼의 정신건강 보고서에 대한 워드 클라우드를 만들어줘.

 **챗GPT 답변**

여기 '경고등 켜진 한국 밀레니얼의 정신건강' 보고서를 바탕으로 만든 워드 클라우드입니다. 주요 키워드인 **스트레스**, **번아웃**, **공정성**, **불안**, **평가/보상**, **워라밸**, **회복탄력성**, **마음챙김**, **조직문화**, **성장기회** 등이 강조되어 있어, 밀레니얼 세대가 직면한 정신건강 이슈가 시각적으로 잘 드러납니다.

한글 폰트를 첨부했는데도 워드 클라우드의 한글이 깨져 보인다면 "깨진 글꼴이 있는데 첨부된 폰트를 활용해 다시 분석해줘"라고 하면 정상적으로 나온다.

챗GPT가 직사각형으로 워드 클라우드를 생성해줬다면, 클로드는 타원형으로 만들어준다. 키워드는 클로드나 챗GPT 모두 '밀레니얼', '정신건강', '번아웃', '스트레스'로 나타났다.

클로드 답변

워드 클라우드에는 보고서에서 가장 중요하게 다루어진 핵심 키워드들을 시각화했습니다:

- 가장 두드러진 키워드: '밀레니얼', '정신건강', '번아웃', '스트레스', '직장'
- 중요 이슈 키워드: '30대', '우울감', '공정성', '장시간근로', '기성세대', '평가/보상', '성장'
- 밀레니얼의 고민: '효율성', '워라밸', '일과가정', '연공서열', '인사적체', '저성장'
- 해결책 관련 키워드: '마음챙김', '회복탄력성', '심리적 안전감', '리더십'

문서에서 밀레니얼 세대(1981~1995년생)의 정신건강 위기가 주요 주제였으며, 특히 직장에서의 번아웃과 스트레스 문제가 강조되고 있습니다. 이러한 문제의 원인으로는 비효율적인 업무 문화, 공정하지 않은 평가/보상 체계, 성장 기회 제한, 일과 가정 균형 유지의 어려움 등이 제시되었습니다.

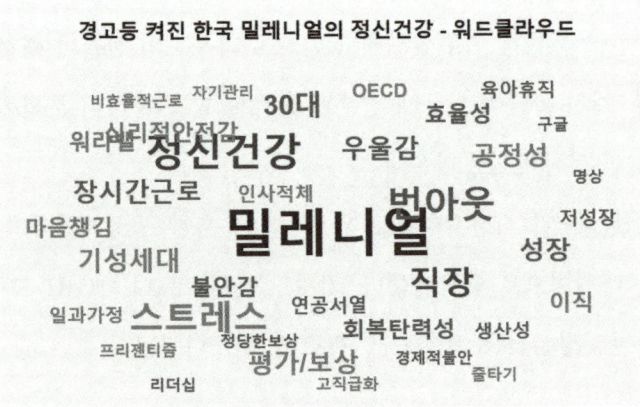

부록5. 이미지 맡아주는 프롬프트

이제는 보고서에 사용할 이미지를 굳이 구글 이미지 검색을 통해 찾을 필요가 없다. 저작권 이슈도 없다. 그러다 보니 요즘은 기사에서조차 챗GPT로 생성한 이미지를 심심치 않게 볼 수 있다. 미드저니Midjourney, 마이크로소프트 디자이너Microsoft Designer, 이미지 크리에이터Image Creator, 플레이그라운드AIPlayground AI, 레오나르도 AILeonardo AI, 뤼튼 등 사용할 수 있는 이미지 AI도 다양하다. 동일한 텍스트를 입력해도 다른 이미지가 생성되기 때문에 나에게 적합한 이미지 AI를 하나 찾아서 사용하면 된다.

챗GPT로 간단하게 요청하기

내가 특별히 원하는 이미지의 모습이 떠오르지 않을 때는 가장 단순한 프롬프트로 특정 주제(대상)에 대해 이미지를 만들어달라고 하면 된다. "PPT 보고서에 넣을 창의성과 관련된 아이콘을 만들어줘"라는 식이다. 그런데 여기서 그치지 않고 추가적인 요청을 통해 이미지를 보완해 나간다. 예를 들어, 생성한 이미지를 활용해 "이미지의 퍼즐 조각을 제거해줘", "바탕화면을 하얀색으로 해줘" 등을 요청해 원하는 이미지로 바꾼다.

> PPT 보고서에 넣을 창의성과 관련된 아이콘을 만들어줘.

[그림 1] 챗GPT가 생성한 이미지

스타일 지정하기

● **주제 + 대상 + 스타일 설정**으로 만들고자 하는 이미지를 구체적으로 정의한다. 예를 들어, 창의성과 관련된 이미지라면 '창의성(주제), 전구(대상), 흑백(스타일)' 등의 텍스트 입력을 통해 원하는 이미지를 생성한다.

> 창의성과 관련된 전구 아이콘을 만들어줘.
> – 흑백 단순, 배경 및 여백 투명

[그림 2] 챗GPT가 생성한 이미지

마이크로소프트 디자이너 활용하기

마이크로소프트 디자이너는 간편하고 빠르게 이용할 수 있는 무료 이미지 AI로, 이미지, 아이콘, 배경화면, 초대장, 배너, 포스터, 아바타, 이모지, 클립아트 등 실무에서 쓸 수 있는 다양한 유형의 이미지 스타일을 제공한다.

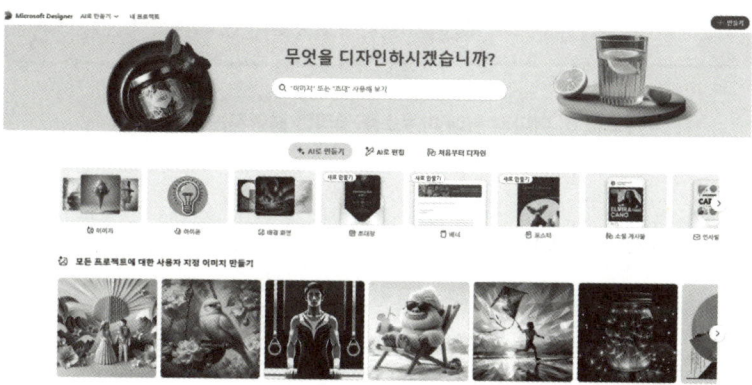

[그림 3] 마이크로소프트 디자이너 메인 화면

마이크로소프트 디자이너는 홈페이지에서 제공하는 이미지를 클릭하면 해당 이미지의 프롬프트를 보여준다. [괄호] 안의 텍스트를 수정하면 원하는 이미지로 만들 수도 있도록 가이드도 제공한다.

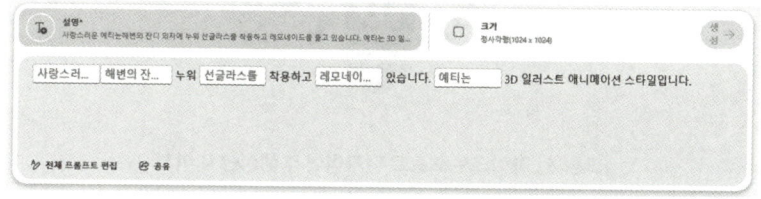

[그림 4] 이미지 클릭 시 나타나는 프롬프트

[그림 5] 이미지 위에 마우스를 올리면 보여지는 프롬프트

마이크로소프트 디자이너에 챗GPT와 유사하게 프롬프트를 입력하면 다음과 같은 이미지가 나온다.

창의성을 나타내는 전구 아이콘, 흑백 단순, 여백 및 배경 투명

[그림 6] 마이크로소프트 디자이너가 생성한 이미지

이번에는 기획과 관련된 이미지를 요청해보자.

> 기획과 관련된 이미지를 심플하게 만들어줘.

[그림 7] 기획 관련 이미지

스타일을 바꿔달라고 요청하면 익숙한 이미지를 그려준다.

> 팝아트 스타일로 기획력과 관련된 이미지를 심플하게 만들어줘.

애니메이션, 일러스트레이션 등의 다양한 스타일을 요청해보자. 다양한 스타일을 요청하면 내가 생각지도 못한 이미지를 만들 수 있다.

[그림 8] 팝아트 스타일 이미지

[그림 9] 애니메이션 스타일

[그림 10] 일러스트레이션 스타일

이미지 크리에이터 활용하기

이미지 크리에이터도 무료로 이용 가능하다. 구글에서 '빙 이미지 크리에이터'라고 검색하면 이미지 크리에이터 사이트에 들어갈 수 있다.

사용 방법은 간단한다. 중앙의 텍스트 입력창에 원하는 이미지를 요청하면 된다. 앞서 진행했던 "팝아트 스타일로 기획력과 관련된 이미지를 심플하게 만들어줘"라고 요청했을 때의 결과를 보자.

[그림 11] 이미지 크리에이터 메인 화면

참고로 이미지 크리에이터는 달리3DALL·E 3을 활용하여 사용자가 AI 이미지를 생성할 수 있도록 도와준다. 결과물은 마이크로소프트 디자이너와 유사하다.

[그림 12] 이미지 크리에이터의 이미지 생성 결과

부록6. 인포그래픽 말아주는 프롬프트

보고서를 작성하다 보면 시각화하는 데 생각보다 많은 시간이 걸린다. 특히 인포그래픽은 메시지와 이미지의 관계가 중요한데, 이미지를 찾는 것도 어렵고 만드는 데는 더 많은 시간이 걸린다. 그런데 생성형 AI는 인포그래픽에 대한 아이디어를 제시해주기도 하고, 직접 만들어주기도 한다.

챗GPT로 인포그래픽 만들기

● **보고서 제목 + 목적(주제) + 인포그래픽 자료** 형태로 질문한다. 다음은 PDF 파일을 기반으로 한 인포그래픽 제작 프롬프트다. PDF 파일 분석이 아니어도 질문의 핵심은 목적과 주제이다. PDF 파일은 LG경영연구원에서 2019년 발간한 〈데이터 기반 인재경영〉이다.

> 다음 보고서는 데이터 기반 인재경영에 관한 내용이야. 우리 회사의 데이터 기반 인재경영 도입의 필요성에 대한 조직 내 설득용 인포그래픽 자료를 만들어줘.

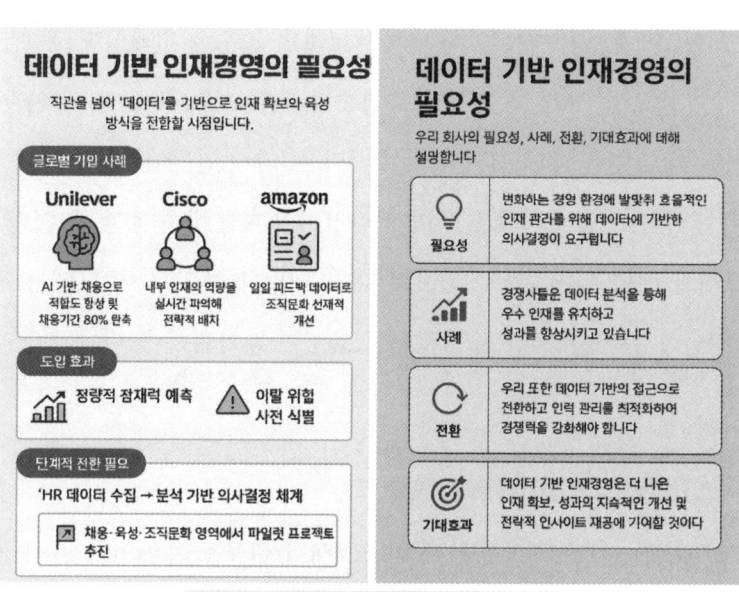

[그림 1] 챗GPT가 만든 인포그래픽 유형

첫 번째 이미지는 앞의 프롬프트대로 질문한 결과이며, 두 번째는 "필요성, 사례, 전환, 기대효과순으로 인포그래픽을 다시 만들어줘"라고 했을 때의 결과이다. 마지막은 "다시 만들어줘"라고 질문한 결과다. 인포그래픽은 이미지 파일이기 때문에 수정할 수 없다. 그래서 해당 이미지를 기반으로 내가 어떻게 보고서 내용을 구조화 및 시각화할지 참고하면 업무 효율성이 높아질 수 있다.

젠스파크로 인포그래픽 만들기

젠스파크는 텍스트 요약본과 인포그래픽 다운로드 페이지를 제공한다. PPT를 직접 만들어주는 AI 슬라이드 기능도 있다.

 젠스파크 텍스트 요약

데이터 기반 인재경영 도입의 필요성

인포그래픽 자료를 준비했습니다. 이 자료는 데이터 기반 인재경영HR 애널리틱스)의 중요성과 실제 글로벌 기업들의 성공 사례를 시각적으로 보여줍니다.

데이터 기반 인재경영 인포그래픽 보기 ✓

인포그래픽 주요 내용:

1. **데이터 기반 인재경영의 필요성**
   - 87%의 HR 담당자가 디지털 기술이 HR을 근본적으로 바꿀 것이라고 동의
   - 글로벌 경영진이 꼽은 최우선 과제: '최고 인재의 확보 및 유지'

2. 글로벌 기업의 성공 사례

유니레버Unilever의 AI 활용 채용

- 링크드인 프로필과 AI 기반 온라인 게임, 자동화된 인터뷰를 통한 스크리닝

아마존Amazon의 조직문화 개선

- 커넥션 프로그램 Connection Program을 통한 실시간 피드백 수집
- 결과:
- 구성원 만족 요인 발견 (성장 기회, 강점 활용, 도전적 과제)
- 리더에게 실시간 인사이트 제공
- 조직문화의 지속적 개선

3. 데이터 기반 인재경영 도입 방법

명확한 영역 선정 후 작게 시작

- 각 회사의 특성과 상황에 맞는 우선순위 영역부터 파일럿으로 시작

내외부 역량 적절히 활용

- HR 부서만의 역량으로는 어려울 수 있으며, 전문가 협업 필요

데이터 축적 및 통합으로 정확성 제고

- 평균 3~5년의 시간이 필요하며 지속적인 개선과 투명한 커뮤니케이션 필수

'데이터 기반 인재경영 인포그래픽 보기'(✓)를 클릭하면 인포그래픽을 볼 수 있다. PDF 파일로 다운받고 싶을 때는 젠스파크 답

변에서 '웹 페이지 만들기' 옆의 보기를 클릭하면 그림 2와 같은 화면이 나온다. 여기서 우측 페이지 상단의 'PDF로 내보내기' 버튼을 클릭하면 인포그래픽 자료를 PDF 파일로 저장할 수 있다.

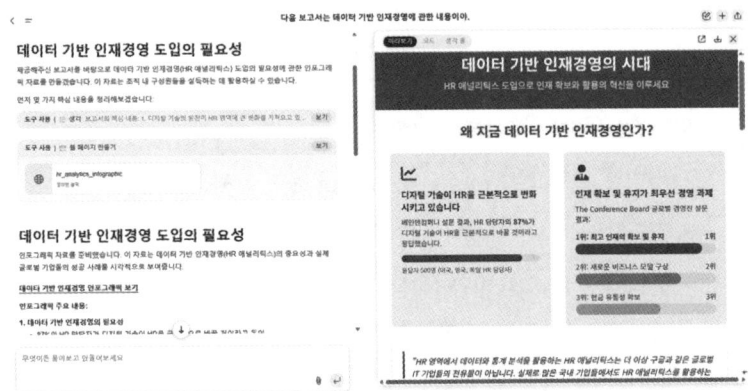

[그림 2] 웹 페이지 만들기 옆 보기 버튼 클릭 시 화면

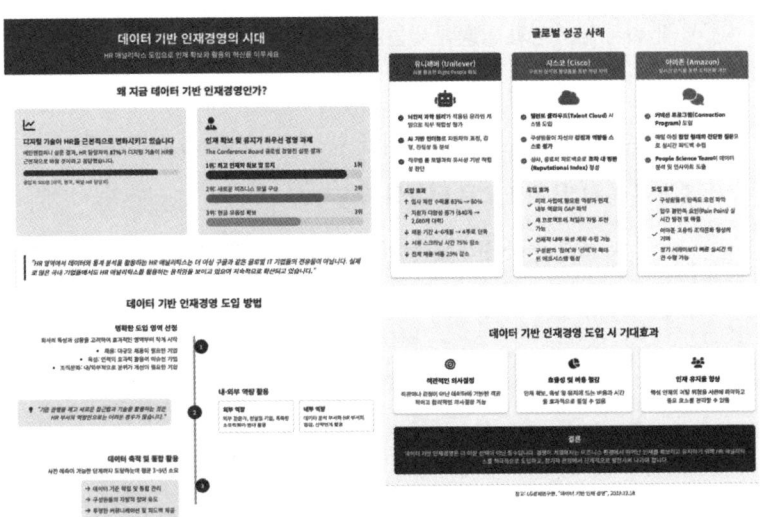

[그림 3] 젠스파크가 생성한 인포그래픽

제미나이로 인포그래픽 가이드 만들기

제미나이는 직접 인포그래픽을 만들어주지는 않는다. 다만 구조화된 텍스트 내용과 함께 어떻게 하면 인포그래픽으로 만들 수 있는지에 대한 매우 간단한 가이드를 제공한다.

 제미나이 답변

데이터 기반 인재경영 도입의 필요성

[인포그래픽 자료]

(메인타이틀: 데이터로 똑똑하게, 미래를 위한 인재 경영)

(인트로 문구: 감과 경험에 의존하는 HR은 이제 그만! 데이터 기반의 과학적인 인재 경영으로 우리 회사의 경쟁력을 높여야 할 때입니다.)

1. 왜 데이터 기반 인재 경영인가?(중요성 강조)

- (아이콘: 돋보기)**객관적이고 합리적인 의사결정:** 더 이상 직관이나 관행에 의존하지 않습니다. 데이터 분석을 통해 객관적인 근거를 확보하고, 더욱 정확하고 효과적인 인재 관련 의사결정을 내릴 수 있습니다.

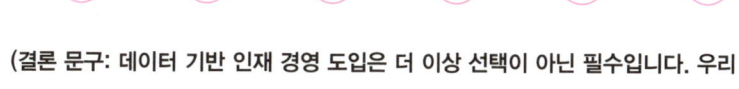

(결론 문구: 데이터 기반 인재 경영 도입은 더 이상 선택이 아닌 필수입니다. 우리 회사의 지속적인 성장과 발전을 위해 데이터 기반의 과학적인 인재 경영 시스템 구축에 적극적으로 동참해 주십시오.)

(하단 로고 및 관련 문의처)